Doris Preißler

Schreckliches Wissen

Doris Preißler

SCHRECKLICHES WISSEN

665 Fakten, die Sie lieber NICHT gewusst hätten

riva

Bibliografische Information der Deutschen Nationalbibliothek:
Die Deutsche Nationalbibliothek verzeichnet diese Publikation in der Deutschen Nationalbibliografie; detaillierte bibliografische Daten sind im Internet über http://d-nb.de abrufbar.

Für Fragen und Anregungen:
schrecklicheswissen@rivaverlag.de

1. Auflage 2011

Nymphenburger Straße 86
D-80636 München
Tel.: 089 651285-0
Fax: 089 652096

Umschlaggestaltung: Maria Wittek, München
Innengestaltung: Maria Wittek, München
Umschlagabbildung: iStockphoto
Abbildungen Innenteil: iStockphoto
Satz: HJR, Jürgen Echter, Landsberg am Lech
Druck: CPI – Ebner & Spiegel, Ulm
Printed in Germany

ISBN 978-3-86883-179-5

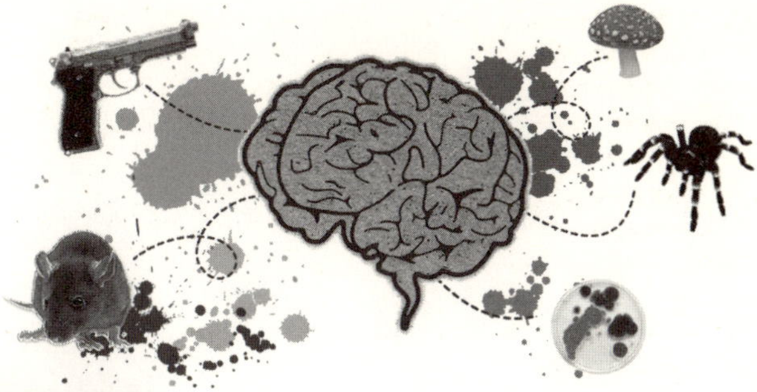

Inhalt

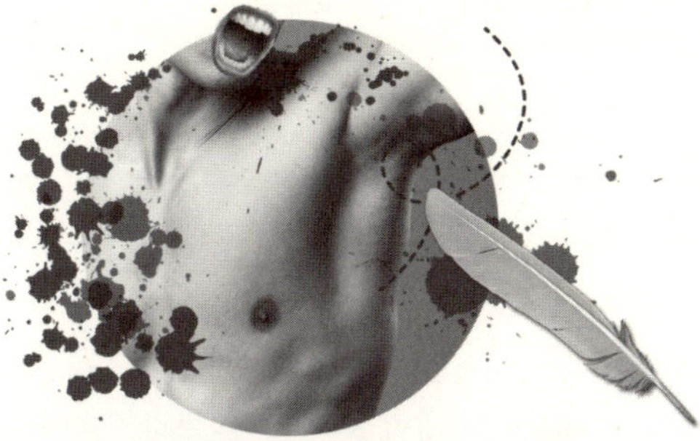

Augen auf und durch!

Dies ist ein Buch für Mutige. Es ist für all diejenigen, die gerne Geisterbahn fahren und Halloween toll finden, die sich gerne ein bisschen gruseln und es genießen, wenn ihnen ein Schauer über den Rücken läuft oder eine Gänsehaut die Haare zu Berge stehen lässt. Es ist das Buch des schrecklichen Wissens.

Jeden Tag ist den Medien zu entnehmen, dass die Welt ein Furcht einflößender Ort ist mit vielen gruseligen Dingen. Ständig passieren Unfälle, entstehen neue schlimme Krankheiten, ereignen sich Naturkatastrophen, befallen Parasiten unser Haus und lassen uns Gifte um unser Leben bangen.

Schreckliche und gruselige Dinge sind aber auch faszinierend. Und genau das ist es, was dieses Buch ausmacht. Es versammelt all die Dinge, die uns brennend interessieren, aber die wir dann doch irgendwie lieber nicht gewusst hätten. Oder vielleicht doch …?

Seien wir mal ehrlich: Nicht zu wissen, was in diesem Buch steht, ist noch schrecklicher als all das, was es für uns bereithält. Und in vielen Fällen ist es auf jeden Fall besser, seinen Feind zu kennen – sei es ein Bakterium, ein wildes Tier oder ein giftiger Zusatzstoff. Ihnen allen wollen wir schließlich auf Augenhöhe begegnen, oder Sie etwa nicht?

Nach der Lektüre wissen wir Bescheid und sind für die Zukunft gewappnet, was auch immer sie an fürchterlichen Dingen bereithält. Wir haben das Schreckliche Wissen gelesen, wir sind abgehärtet und vorbereitet. Fast wie Geisterbahnfahren – nur mit echten Geistern.

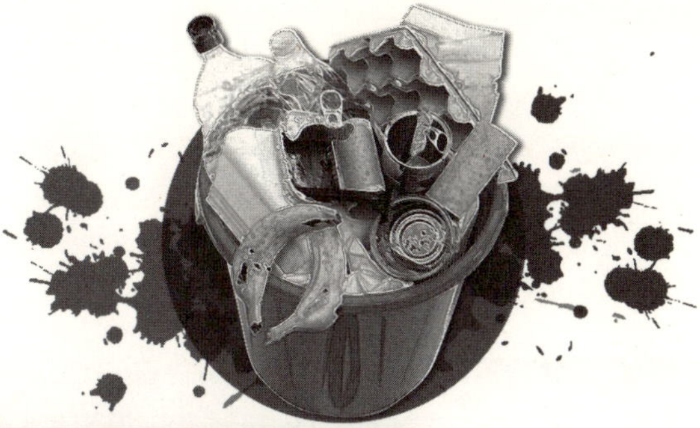

Eklig im Alltag

Auch im alltäglichen Leben – ob am Arbeitsplatz oder zu Hause – können uns viele schreckliche Dinge begegnen, von denen wir am liebsten gar nicht erst erfahren hätten. Damit man sich ihnen stellen kann, sollte man sie dann doch besser kennen. Dann weiß man immerhin, worauf man besonders achten sollte.

Im Büro. Auf einer Computertastatur sowie einer Maus finden sich etwa 400-mal so viele Bakterien wie auf einer regelmäßig gereinigten öffentlichen Toilette. Am schmutzigsten sind im Übrigen die Arbeitsplätze von Lehrern, Buchhaltern und Bankern.

Bürotassen. Eine von fünf Bürokaffeetassen ist mit Fäkal- und E.-coli-Bakterien besudelt. Das liegt in der Regel daran, dass nur das Kurzprogramm der Spülmaschine gewählt wird. So wird nicht die erforderliche Temperatur erreicht, um die Erreger abzutöten.

Das Spülbecken. Darin wird nicht nur Geschirr gewaschen, sondern es dient auch der Entsorgung von Speise- und Getränkeresten. Nicht jedes Mal wird hinterher gründlich nachgespült. Auf einem Quadratzentimeter Abwaschbecken tummeln sich bis zu 10 000 Bakterien. Herkömmliche Reinigungsmittel reichen aber völlig aus, um diese zu beseitigen.

Das Küchenbrett. Auf einer Fläche von 2 bis 3 Quadratzentimetern sammeln sich in den durch Schneiden entstandenen Vertiefungen eines Bretts im Schnitt 62 000 Bakterien an. Ein Kunststoffbrett steht hier dem Holzbrett in nichts nach. Abhilfe kann man ganz einfach schaffen, indem man die Schneideunterlage entweder für ca. 20 Minuten in den Backofen bei 100 Grad Celsius oder für 20 Minuten in das Gefrierfach legt. Dieses Verfahren lässt sich natürlich auch auf andere Gegenstände ausweiten wie z. B. den Kochlöffel.

Putzlappen und Schwämme. Mehr als 7 Milliarden Keime befinden sich auf einem durchschnittlich großen Geschirrtuch beziehungsweise Spülschwamm. Diese können abgetötet werden, indem man Letzteren feucht für drei Minuten auf höchster Stufe in der Mikrowelle erhitzt. Auch auf häufig betätigten Küchenarmaturen, die entsprechend oft abgewischt werden, sind je 2 bis 3 Quadratzentimeter noch etwa 299 000 Keime nachweisbar.

Öffentliche Toiletten. 40 Prozent der Männer und 16 Prozent der Frauen setzen sich in öffentlichen Toiletten auf die Klobrille, obwohl man sich dort Krankheiten wie Hepatitis A, Herpes, Salmonellen oder Filzläuse einfangen kann. In Peru gibt es überhaupt keine öffentlichen WCs – ob das an der (mangelnden) Hygiene liegt, ist nicht geklärt.

Schwimmbäder. Studien haben ergeben, dass bei jeder Betätigung der Toilettenspülung in »Feuchtgebieten«, also zum Beispiel in Schwimmbädern, Saunas etc., etwa 25 000 Viren und 600 000 Bakterien in winzigen Wassertröpfchen durch die Luft geschleudert werden. Diese landen dann in einem Umkreis von 2 Metern auf dem Boden und vermehren sich dort bestens. Der Toilettenbesucher trägt diese dann an den Füßen z. B. durch das ganze Schwimmbad.

Geld. Bares an sich ist nicht das Problem, an Geldautomaten wimmelt es aber von Keimen. An der Tastatur, über die die PIN-Nummer eingegeben wird, ist es am schlimmsten. Anschließend nimmt man das Geld in Empfang und befördert somit die Keime auf die Scheine. Münzgeld hingegen enthält oft Kupfer, was von Natur aus antibakteriell wirkt. Die Japaner gehen auch bei den Scheinen auf Nummer sicher: Die Geldautomaten dort durchströmt Heißluft, die den Yen auf 200 Grad erhitzt, der anschließend keimfrei in die Hände des neuen Besitzers fällt. Dadurch werden das Eingabefeld des Automaten sowie die Finger des Benutzers auch nicht sauberer.

Leihschuhe. Mitarbeiter von zum Beispiel Ski- und Schlittschuh- oder Bowlingschuhverleihen nehmen es mit der Hygiene oftmals nicht ganz so genau. Mehr als jedes zweite Paar ist mit ansteckenden Pilzen und Bakterien belastet. Ergeben hat dies eine Untersuchung von 61 Schuhen in 14 verschiedenen Schuhverleihen in Deutschland und Österreich.

Snacks. Erdnüsse, Pistazien, Chips & Co. stehen in vielen Bars in Schälchen auf dem Tresen. Doch leider befinden sich darauf Spuren von Urin von bis zu 27 verschiedenen Personen. Das Problem ist darauf zurückzuführen, dass viele Gäste sich nach dem Gang zur Toilette nicht die Hände waschen. Bei den Männern sind es ganze 68 Prozent und bei den Frauen immerhin 36 Prozent.

Der Kühlschrank. In einem herkömmlichen Haushaltskühlschrank finden sich im Schnitt 11,4 Millionen Keime pro Quadratzentimeter. Die Rückwand ist wegen des Kondenswassers besonders davon betroffen.

Der Einkaufswagen. Besonders die Griffe haben es in beziehungsweise an sich. Darauf befinden sich neben Brokkoli, Joghurt und Orangensaft auch Speichel- und Fäkalbakterien. Aus diesem Grund haben amerikanische Supermärkte spezielle Waschanlagen für Einkaufswagen eingerichtet.

Wasserspender. In vielen Kaufhäusern, Drogeriemärkten, Arztpraxen und Krankenhäusern stehen immer häufiger Wasserspender aus Kunststoff, an denen man sich kostenlos bedienen kann. Das Problem ist, dass das Wasser oft nicht mehr frisch ist. Von 799 untersuchten Wasserspendern waren 291 mit Keimen belastet. Auch bei Trinkwassersprudlern für zu Hause wurde eine bis zu 34 000-fache Grenzwertüberschreitung für Keime gemessen.

Kopfhörer. Das Tragen eines Kopfhörers erhöht die Anzahl der Bakterien im Ohr um 700 Prozent – und das schon nach nur einer Stunde. Das Risiko eines Hörschadens steigt hingegen nach nur fünf Minuten, wenn man täglich volle Lautstärke hört.

Tierisch gefährlich

Manchen Tieren sollte man nachts besser nicht begegnen. Und auch tagsüber geht man ihnen besser aus dem Weg – ansonsten könnte Sie ein schrecklicher Tod ereilen.

Der Pfeilgiftfrosch (Phyllobates terribilis) ist eines der gefährlichsten Tiere. Das tödliche Gift stammt eigentlich von Käfern, die dieser Frosch frisst. Auf seiner Haut bildet er das Alkaloid Batrachotoxin, eine Substanz, die zu den wirksamsten Giften überhaupt gehört. Die tödliche Dosis liegt bei nur 0,8 Mikrogramm pro Kilogramm Körpergewicht. Das Gift eines Frosches würde ausreichen, um 20 000 Mäuse oder zehn Menschen zu töten.

Der Afrikanische Büffel (Syncerus caffer) wird von den Einheimischen auch als »Schwarzer Tod« bezeichnet. Warum das so ist, erklären seine Maße: Mit einer Schulterhöhe von 1,7 Metern und einer Kopf-Rumpf-Länge von 2,8 Metern bringt er bis zu 1 Tonne auf die Waage. Die Spannweite der Hörner kann knapp 1,5 Meter betragen, wobei der Kaffernbüffel eine Geschwindigkeit von 55 Kilometern in der Stunde erreichen kann. Neben dem Menschen hat er eigentlich kaum Feinde. Löwen versuchen gelegentlich, junge oder kranke Tiere zu erbeuten. Bis zu 200 Menschen werden jährlich von Büffeln getötet.

Der erwachsene männliche Eisbär (Ursus maritimus) ist für seine Gefährlichkeit berüchtigt. Er erreicht eine Kopf-Rumpf-Länge von 2,40 bis 2,60 Metern und die Schulterhöhe beträgt bis zu 1,60 Meter. Sein Gewicht variiert zwischen 420 und 500 Kilogramm. Den Hauptbestandteil der Nahrung machen Robben aus, aber auch Walrosse und Rentiere stehen auf dem Speiseplan. Und manchmal fressen sie sich sogar gegenseitig, wenn die Nahrung knapp wird. Es wird auch immer wieder von Eisbärangriffen berichtet, denen Menschen zum Opfer fallen.

Ein Afrikanischer Elefantenbulle (Loxodonta africana) wird durchschnittlich 3,20 Meter groß und 5 Tonnen schwer. Seine Stoßzähne können eine Länge von bis zu 3 Meter und ein Gewicht von 100 Kilogramm erreichen. Anders als beim indischen oder asiatischen Pendant haben auch die Weibchen Stoßzähne. So wundert es nicht, dass jährlich etwa 500 Menschen von Elefanten totgetrampelt oder aufgespießt werden.

Männliche Salzwasserkrokodile (Crocodylus porosus) haben eine Länge von 4,6 bis 5,2 Metern, die Weibchen bleiben mit gut 3 bis knapp 3,5 Metern deutlich darunter.

Krokodile können dem Menschen besonders in Indien, Afrika, Australien, Süd- und Mittelamerika sowie Florida gefährlich werden.

Wenn sie zubeißen, ist durch die unglaubliche Kraft des Kiefers und die Schärfe der Zähne ein Entkommen fast unmöglich. Haben sie ihr Opfer erst mal damit gepackt, ziehen sie es unter Wasser, um es zu ertränken. Dabei drehen sie sich um ihre eigene Achse, um einzelne Stücke aus ihrer Beute herauszureißen. Wen überrascht es, dass auf die Weise pro Jahr etwa 1000 Tote auf ihr Konto gehen?

Nach dem Tiger ist der Löwe (Panthera leo) die zweitgrößte Katze der Welt. Somit ist er das größte Landraubtier Afrikas. Der Tiger ist hingegen in Ostasien beheimatet. Hinsichtlich ihrer Opfer stehen sie einander in nichts nach: Beiden werden jährlich 50 Todesfälle angelastet.

Der Hai (Selachii) gilt gemeinhin als kaltblütiger Killer und Menschenfresser. Dabei sterben jährlich nur etwa 5 bis 15 Menschen infolge von Haiangriffen. Wie kein anderer Fisch kann er Blut in milliardenfacher Verdünnung »riechen«. Schon aus über 75 Meter Entfernung wittert er seine Beute.

Die Seewespe (Chironex fleckeri) ist vermutlich das giftigste Meerestier der Welt. Man weiß von mehr als 5500 Todesfällen, die auf diese Quallenart zurückzuführen sind. Hinzu kommen 20 000 leichtere Unfälle, die bislang allein an australischen Küsten gezählt wurden. Die Seewespe hat eine bläulich schimmernde Schwimmglocke mit einem Durchmesser von 20 bis 30 Zentimetern. Sie hat bis zu

60 Tentakel, die etwa 3 Meter lang werden können. Wenn nicht sofort medizinische Maßnahmen ergriffen werden, kann in wenigen Minuten nur noch der Tod festgestellt werden.

Das Gift des Taipan (Oxyuranus scutellatus), der in Ost- bis Nordaustralien vorkommt, gehört zu den stärksten Schlangengiften der Welt. Es ist 50-mal giftiger als das einer Asiatischen Kobra und 850-mal giftiger als das einer Diamantklapperschlange. Die bei einem Biss durchschnittlich abgesonderte Sekretmenge reicht aus, um 100 erwachsene Menschen, 250 000 Mäuse oder 150 000 Ratten zu töten.

Die Königskobra (Ophiophagus hannah) aus Südostasien ist eine Unterart der Asiatischen Kobra und extrem groß. Diese Natterart kann 3 bis 4 Meter lang werden. Asiatischen Kobras fallen jedes Jahr etwa 15 000 Menschen zum Opfer.

Etwa 2,7 Millionen Menschen sterben jährlich an Malaria, die von der Anopheles-Mücke übertragen wird. Mit ihrer Größe von etwa 6 Millimetern ist sie relativ klein bei einem schmächtigen Körperbau. Gut erkennbar ist sie an ihrer speziellen Sitzhaltung.

Die Krustenanemone ist zwar nur wenige Zentimeter groß, zählt aber zu den giftigsten Tieren der Welt. Sie ist in allen Meeren zu finden und erfreut sich bei vielen Aquarien-Besitzern großer Beliebtheit. Die Palythoa-Arten tragen Palytoxin in sich, eines der weltweit stärksten natürlichen Gifte. Für die Anemonen ist es vor allem Schutz vor natürlichen Feinden, für den Menschen hingegen stellt es eine große

Gefahr dar. Bereits 0,00015 Milligramm pro Kilogramm Körpergewicht reichen, um kleinere Lebewesen zu töten. Mehr wird dann auch für Menschen gefährlich.

Auch wenn die kleine Kegelschnecke harmlos und ihr Gehäuse sehr schön aussieht, ändert es nichts an ihrer Giftigkeit: Bereits ein Tropfen reicht aus, um bis zu 20 Menschen zu töten. Das Gemeine ist, dass die Wirkung sofort, manchmal aber auch erst nach einigen Tagen auftreten kann. Man erleidet intensive Schmerzen, Muskellähmungen, Seh- und Atemstörungen. Bei Berührung des Gehäuses schießt ein Rüssel mit einem kleinen Zahn daraus hervor, aus dem das Gift der Kugelschnecke in ihr Opfer gelangt.

Wenn der Blauringkrake sauer wird und zubeißt, sondert er seinen hochgiftigen Speichel ab. Dieser enthält ein schnell wirkendes Nervengift, das die Synapsen hemmt, sodass sich das Opfer nicht mehr bewegen kann. Beim Menschen tritt der Tod durch Lähmung der Atemmuskulatur innerhalb weniger Stunden ein.

Der Schwanz und die Zangen des Gelben Mittelmeerskorpions sind zwar recht dünn und wirken fast zerbrechlich, trotzdem zählt er zu den weltweit giftigsten seiner Art. Er ist auch für den Menschen gefährlich, sein Stich kann nämlich schnell zum Tod führen. Er ist nachtaktiv, sehr schnell und ausgesprochen angriffslustig. Seine Gefährlichkeit geht auf ein hochwirksames Neurotoxin zurück, das auf das zentrale Nervensystem wirkt und ab etwa 0,3 Milligramm pro Kilogramm tödlich ist.

Arachnophobiker dürfte allein die Größe der Trichternetzspinne von bis zu 4,5 Zentimeter aufschrecken. Schon ein Biss ist tödlich – wenn nicht rechtzeitig ein Gegengift verabreicht wird. Die Verletzung ist in etwa so groß wie nach einem Schlangenbiss und ziemlich schmerzhaft. Das Nervengift lähmt nach und nach die Muskulatur, sodass irgendwann auch das Atmen immer schwerer fällt. Erreicht das Gift das Herz, ist eine Rettung unmöglich.

Das Gift der Dubois' Seeschlange gehört sicher zu den tödlichsten. Ab 3 Milligramm kann ein Mensch bereits daran sterben. Da sie ein vorzüglicher Fleischlieferant sind, fangen viele südostasiatische Fischer diese Tiere dennoch gerne. Der Grund dafür: Diese Schlangenart ist beißfaul und gibt oft nicht genug Gift ab, sodass man den Tod nicht fürchten muss.

72 Stacheln schmücken den Körper des Steinfischs, von denen 18 ein Muskel- und Nervengift abgeben. Der Fisch hat seinen Namen daher, weil er sich perfekt tarnen kann und somit von seiner Umgebung kaum zu unterscheiden ist. Im Gegensatz zu anderen »Giftmördern« merkt man bei ihm sofort, dass man gestochen wurde. Brennende Schmerzen breiten sich um die Wunder herum aus, Lähmungen und Herzrhythmusstörungen führen bei 60 Prozent der Betroffenen innerhalb von acht Stunden zum Tod – wenn nicht rechtzeitig geholfen wird.

Die Asiatische Riesenhornisse ist 27 bis 45 Millimeter groß und damit bis zu fünfmal größer als westliche Honigbienen. Sie besitzt einen über 6 Millimeter langen Stachel. In Japan sterben im Jahr durchschnittlich 40 Menschen durch eine allergische Reaktion infolge ihrer Stiche.

Die Brasilianische Wanderspinne ist weltweit eine der wenigen ihrer Art, deren Biss auch für einen gesunden erwachsenen Menschen lebensbedrohlich sein kann. Sie ist vermutlich insgesamt für die meisten tödlichen Giftunfälle, hervorgerufen durch Spinnen, verantwortlich.

Ein Nilpferd wirkt zwar behäbig, kann aber schneller laufen als jeder Mensch. Auf seine Rechnung gehen jährlich 100 Opfer, die von den 1000 bis 4500 Kilogramm Lebendgewicht totgetrampelt werden.

Männliche Schnabeltiere haben an ihren Hinterbeinen einen 15 Millimeter langen Giftsporn in Knöchelhöhe. Das Gift ist für den Menschen nicht tödlich, verursacht aber sehr schmerzhafte Schwellungen, die auch mit hohen Dosen Morphium kaum zu mindern sind und mehrere Monate andauern können.

Der Dingo begegnet dem Menschen mit gesundem Respekt und geht ihm aus dem Weg, solange er es kann. Doch in Regionen, in denen sich Campingurlauber aufhalten, kommt es immer wieder zu Zwischenfällen. Insbesondere kleine Kinder, aber auch Erwachsene werden von ihnen angefallen und teilweise schwer verletzt.

Der Zitteraal kann mit seinen 5000 bis 6000 Elektrozyten Spannung von bis zu 500 Volt erzeugen. Das sind 0,83 Ampere und somit eine Leistung von 415 Watt. Damit kann er Menschen betäuben, sodass sie ertrinken, aber auch tödliche Verletzungen zuführen.

Pythons und Boas sind keine Schlangen, die mit Gift töten. Stattdessen würgen sie ihre Beute zu Tode. Jedes Mal, wenn das Opfer ausatmet, verengen ihre Vertreter die Schlinge um dessen Körper und unterbinden somit das Atmen immer weiter, bis der letzte Zug getan ist.

Nach einem meist kurzen Spurt versetzt der Jaguar seiner Beute einen kräftigen Prankenschlag und reißt sie anschließend zu Boden. Er ist nach dem Tiger und dem Löwen die drittgrößte Raubkatze der Welt und die einzige Großkatze, die ihr Opfer tötet, indem sie zusätzlich ihre Eckzähne in deren Schädel schlägt. So töten Löwen zum Beispiel größere Tiere, indem sie deren Luftröhre einklemmen und dadurch die Sauerstoffversorgung unterbinden, da ihre Eckzähne zu kurz sind, um größere Blutgefäße zu erreichen.

Der Kasuar ist ein flugunfähiger, wahnsinnig aggressiver Laufvogel. An seinen Füßen hat er rund 10 Zentimeter lange dolchartige Klauen. Ein Mann bezahlte seinen Versuch, ein Exemplar der besonders kräftigen Sorte zu fangen, mit dem Leben. Der Vogel hatte ihm mit seinen scharfen Krallen den Hals aufgeschlitzt.

Der Lippenbär aus Südasien wirkt auf den ersten Blick harmlos. Aber seine langen, scharfen Krallen können dem Menschen ganz schön gefährlich werden. Sie sind 6 bis 8 Zentimeter lang und sind eigentlich fürs Graben ausgerichtet, dienen aber bei einem Angriff quasi als Messer.

Der Bandwurm, genauer gesagt der Fuchsbandwurm, wird durch den Verzehr ungewaschener Waldbeeren,

Pilze oder Gemüse aus Freilandanbau auf den Menschen übertragen. In Leber, Lunge und Gehirn können sich seine Larven entwickeln und unbehandelt führt dies in mehr als 90 Prozent der Fälle zum Tod.

Lebensmittel zum Abgewöhnen

Es ist einfach unglaublich, was wir heute so alles zu uns nehmen. Dabei waren die Möglichkeiten noch nie so zahlreich. Egal, ob es sich um eine landestypische Delikatesse, ein traditionelles Gericht oder Nachlässigkeit bei der Verarbeitung handelt – manche Speisen und Getränke sind dann doch so ungewöhnlich, speziell und schrecklich, dass uns bei der bloßen Vorstellung, sie verzehren zu müssen, ein Schauer über den Rücken läuft.

In Madenkäse (»Casu Marzu«, wörtlich übersetzt »verdorbener Käse«), einer Spezialität aus Sardinien, sind lebende Maden enthalten. Diese werden bis zu 8 Millimeter lang und springen bis zu 15 Zentimeter hoch, wenn man sich davon etwas abschneidet. Deshalb wird auch eine Scheibe Brot auf den Käse gelegt. Dieser hat einen leicht gammeligen Geschmack und eine milde Schärfe. Er hinterlässt ein leichtes Brennen auf der Zunge, was aber auch von den Maden kommen kann, die im Mund herumkriechen. Bis 2005 war dieser Käse verboten, da bis dahin nicht sichergestellt war, dass seine Bewohner keimfrei sind.

Frittierte Stierhoden gelten in manchen US-Staaten als Delikatesse. Man nennt sie auch »Rocky Mountain Oysters« oder »Prairie Oysters« (Prärie-Austern). In Montana und Phoenix finden alljährlich spezielle Feste (sogenannte Testical Festivals, sprich Hoden-Festivals) statt, zu denen massenweise Stierhoden verspeist werden. Hierzulande finden diese vor allem in getrocknetem Zustand als Hundefutter Verwendung.

Bienenembryonen in Sojasoße sind eine japanische Spezialität. Die Sojasoße lässt das Chitin, also die Insektenhülle, »weich« werden. Bienenembryonen werden aber auch mit zu »Medikamenten« verarbeitet, so gibt es beispielsweise die sogenannte Bienenembryo-Kapsel, die ein kleiner Jungbrunnen sein soll.

Für das Saure Lüngerl aus Bayern werden bei fachgerechter Zubereitung Lunge und andere Innereien (wie z. B. Kalbsherz) in einem Sud aus Wasser, Essig, Zucker, Salz, Pfefferkörnern, Lorbeerblatt und Zwiebeln gar gekocht. Die Gewürze werden beim Abgießen aufgefangen, Lunge & Co. in feine Scheiben geschnitten. Der Sud wird schließlich mit einer braunen Schwitze gebunden. Zum Verfeinern kann man noch etwas Crème fraîche oder Sahne daraufgeben.

Rohe Robbenleber aus Grönland enthält besonders viel Vitamin A. Sie gilt dort, wie auch in Neufundland, als Delikatesse ersten Ranges. Die besten Stücke einer Robbe –

darunter folglich auch die Leber – halten die Jäger für sich und ihre Familien zurück.

Wenn auf den Märkten Thailands von »Water Bugs« die Rede ist, geht es nicht um Ungeziefer im Fischteich, sondern um eine lokale Delikatesse: Wasserwanzen. Zigarettenschachtelgroße Wasserwanzen werden dort lebend verkauft. Ihre Beinchen sind zusammengebunden, damit sie nicht weglaufen. Zum Teil schaffen sie es sogar auf die Speisekarte renommierter Thai-Lokale. Geröstet schmecken sie angeblich nach Nüssen.

Bei Haggis handelt es sich um eine schottische Spezialität. Sie besteht aus dem Magen eines Schafes, der mit dessen Herz, Leber, Lunge, Nierenfett sowie Zwiebeln und Hafermehl gefüllt wird. Die Füllung ist mit Pfeffer scharf gewürzt, von Geschmack und Konsistenz her erinnert Haggis an eine weiche Frikadelle.

Das Fleisch des Eishais erfreut sich in Island einer ganz besonderen Zubereitungsart. Diese sollte unbedingt befolgt werden. Das Fleisch enthält nämlich Trimethylaminoxid, das bei der Verstoffwechslung zu Trimethylamin abgebaut wird. Das führt wiederum zur Fischgeruchskrankheit, wobei die Patienten nach altem Fisch riechen. Das liegt daran, dass sie über die verschiedenen Körperflüssigkeiten wie Schweiß und Urin eine abnormale Menge an Trimethylamin ausscheiden, was diesen Geruch verursacht. Um dies zu vermeiden, muss der Eishai erst monatelang gewässert und dann in feuchtem Boden, bestenfalls in Flussbetten vergraben werden, bis das Fleisch verwest ist und die Giftstoffe nicht mehr vorhanden sind. Trotz dieser langen Verarbeitungszeit ist der Ammoniakgeruch am Ende immer noch stark. Vom Geschmack her soll Eishai übrigens an Tilsiter-Käse erinnern.

Elchkopf in Aspik ist eine besondere Spezialität in Alaska. Das Tier scheint den Bewohnern dort wohl so gut zu schmecken, dass sie ein Verfahren entwickelt haben, wie man alle seine Einzelteile zu etwas Essbarem verarbeiten kann. So wird auch der Elchkopf klein gesägt und zusammen mit Zahnfleisch, Augen, Nase, Ohren, Zunge, Hirn und Blut gekocht und anschließend zu einer Pastete mit Pökelfleisch-Aroma verarbeitet.

Surströmming, schwedisch für saurer Hering, ist vergorener Fisch. Was den Geruch angeht, ist es vermutlich die größte kulinarische Herausforderung, die es gibt. Der Hering wird durch Säuerung konserviert, nachdem man ihn im Frühjahr gefangen und gesalzen hat. Danach wird er mehrere Monate lang zum Gären in Holzfässern gelagert. Noch während des Gärungsprozesses wird der Fisch in Dosen verpackt, um ihn dann einen Monat später in den Handel zu bringen. Durch die Art der Verarbeitung sind die Konserven allerdings etwas aufgebläht, zudem strömt der Inhalt einen extrem fauligen Gestank aus. Es wird also empfohlen, die Dosen nur an der frischen Luft oder unter Wasser zu öffnen.

Der Name Blutente geht in Frankreich darauf zurück, dass die Enten für diese Delikatesse nicht auf die übliche Art geschlachtet, sondern erstickt werden. Das Blut bleibt dabei im Körper zurück, sodass das Fleisch etwas rötlicher ist und auch zarter und feiner sein soll als das der »Durchschnittsente«. Nach dem deutschen Tierschutzgesetz ist das Töten durch Ersticken verboten. Aus lebensmittelrechtlichen Gründen ist bei uns auch das Schlachten ohne Blutentzug untersagt. Da aber das europäische Recht beides gestattet, dürfen Blutenten gemäß den Regeln des EU-Binnenmarkts aus anderen Mitgliedsstaaten nach Deutschland importiert werden.

Enten-Embryonen im Ei oder auch »Balut« erfreuen sich in Vietnam großer Beliebtheit. Es handelt sich dabei um etwa drei Wochen lang angebrütete Enteneier, die gekocht und mit Salz serviert werden. Auf den Philippinen werden sie bevorzugt bereits am 17. Tag verzehrt, wenn noch wenige Knochen und die Augen noch nicht entwickelt sind. Vietnamesen hingegen essen lieber reifere Exemplare samt Federn und Schnabel.

Karmin heißt der rote Stoff, der zum Beispiel Campari seine Farbe gibt. Er wird aus weiblichen Cochenilleschildläusen gewonnen. Für ein Kilogramm sind über 100 000 Exemplare erforderlich. Zur Gewinnung der Farbe werden die Läuse zunächst getrocknet und anschließend in Wasser unter Zusatz von etwas Schwefelsäure ausgekocht. Karmin, das als Lebensmittelfarbstoff das Kürzel E 120 hat, wird neben Campari auch vor allem für Lippenstift verwendet.

Für die Gewinnung vieler Weine werden die Trauben mit Maschinen geerntet. Das hat zur Folge, dass auch kleine Nager und Insekten mit im Fass und damit schlussendlich auch in der Flasche landen.

Etliche Weine sind zuvor »geschönt« worden, um so Trübungen und Schlieren vorzubeugen. Dafür werden eiweißhaltige Schönungsmittel wie die Schwimmblase des Hausenfisches oder Hühnereiweiß beziehungsweise Gelatine verwendet.

Bei Nektarinen und Pfirsichen nutzt oft kein noch so gründliches Waschen oder Schälen vor der ungewollten Aufnahme von Pestiziden. In 31 von 32 Proben aus konventioneller Landwirtschaft sind die Gifte im Fruchtfleisch gefunden worden.

Roher Thunfisch, wie er für Sushi verwendet wird, ist mit Vorsicht zu genießen. Denn er enthält – wie andere große Raubfische auch, die am Ende der Nahrungskette stehen – erhebliche Mengen an Quecksilber in Form des besonders gesundheitsschädlichen Methylquecksilbers. Die Vergiftung damit äußert sich beispielsweise in Form der sogenannten Minamata-Krankheit, die in schweren Fällen ein Koma verursachen kann.

Das Hühnerschnitzel ist auch nicht mehr das, was es einmal war! Manchmal wird Hühnerfutter nämlich Arsen-Additiv beigemengt, um das Wachstum der Tiere zu fördern, Parasiten zu töten und die Pigmentierung des Hühnerfleisches zu verbessern. Beim Menschen können Additive zu Krebs führen.

Escamoles, auch »Mexikanischer Kaviar« genannt, sind in ihrem Ursprungsland eine Spezialität. Was so ähnlich wie Reis aussieht, sind in Wirklichkeit die Eier von Ameisen.

Diese werden mit Öl, Zwiebeln, grünen Chilischoten und Tomaten gemischt, in einer Pfanne gebraten und auf einer Tortilla serviert.

Lutefisk ist ein traditionelles norwegisches Fischgericht, das erbärmlich stinkt. Der Fisch wird dafür erst getrocknet und anschließend in einer Lauge aus Birkenasche eingelegt, bis er eine gallertartige Konsistenz hat.

Kumys ist ein »Milchwein« aus vergorener Stutenmilch, der bevorzugt in der Mongolei getrunken wird. Er ist milchigweiß und schmeckt angeblich leicht säuerlich. Im Abgang soll er leicht käsig sein, mit anderen Worten: Er schmeckt wie vergammelte Milch. Zudem wirkt Kumys leicht abführend.

Beim »Tausendjährigen Ei« handelt es sich um eine Delikatesse der chinesischen Küche. Kurz gesagt sind es fermentierte konservierte Enteneier. Sie werden roh für drei Monate in einer breiigen Mischung aus Holzkohle, gebranntem Kalk, Salz und Wasser eingelegt.

Beim Maisbeulenbrand handelt es sich um einen parasitären Brandpilz. Dabei bilden sich unregelmäßige Tumore auf Maisstauden. Die Jungen, noch reinweißen Geschwulste werden zum Beispiel in Mexiko als Delikatesse angeboten. In Deutschland und Österreich steht dieser Pilz nicht im Lebensmittelbuch und gilt somit nicht als Speisepilz.

Phobien – damit man weiß, wovor man sich fürchten kann

Ängste hat doch jeder. Die wohl bekannteste ist die vor Spinnen oder Schlangen. Aber es gibt noch viel mehr schreckliche Dinge, vor denen man sich fürchten kann. Hier eine kleine Auswahl für alle, die etwas Abwechslung in ihren Phobienhaushalt bringen wollen.

Alliumphobie bezeichnet die Furcht vor Zwiebeln oder Knoblauch, also die natürliche Angst der Vampire. Aber schon die Angst vor deren Geruch fällt darunter.

Als Hexakosioihexekontahexaphobiker werden die Menschen bezeichnet, die Angst vor der Zahl 666 haben.

Unter Ithyphallophobie leiden all jene, die eine krankhaft gesteigerte Furcht vor einer Erektion haben.

Die Bezeichnung Ablutophobie steht für die Angst, sich zu waschen oder zu baden.

Alektorophobie ist die Angst vor Hühnern beziehungsweise vor hühnerartigen Vögeln und allem, was danach aussieht. Der Betroffene meidet alles, was mit Hühnern zu tun hat, also auch das Betreten eines Hühnerstalls.

Die Amakaphobie ist die Furcht vor Eisenbahnen, Straßenbahnen, das Reisen darin eingeschlossen. Überhaupt wird alles, was damit zu tun hat, gemieden: die Züge und Waggons selbst, Schienen, Bahnhöfe, sogar das Personal, das dort arbeitet.

Amaxophobie ist die Angst vor dem Steuern von Fahrzeugen und Fortbewegungsmitteln jeglicher Art, das Fahrradfahren eingeschlossen. Die Vorstellung, andere oder sich selbst mit einem Auto, Motorrad oder Ähnlichem zu verletzen, ist die Ursache dafür.

Bei der Anablephobie haben Betroffene Angst davor, nach oben zu sehen.

Arbeitsplatzphobie. Wie es der Name schon sagt, hat man dabei Panik vor dem Arbeitsplatz. Dies betrifft nicht nur den Arbeitsplatz, also den Ort selbst, sondern auch Situationen, Gegenstände oder Personen, die damit oder mit dem Arbeitsleben in Verbindung stehen.

Arithmophobie bezeichnet die Angst vor Zahlen. Wie bei anderen Phobien auch wird alles gemieden, was damit zu tun hat – angefangen beim Rechnen über das bloße

Notieren von Zahlen, diese zu lesen, an sie zu denken oder sie auch nur zu erwähnen. Auch das Einkaufen kann dabei zum Problem werden.

Astrophobie ist die Furcht vor Sternen und dem Himmelsraum. Betroffene sorgen sich vor allem vor deren Einfluss, den Erstere auf uns haben. Oftmals sind Astrophobiker in Astrologie oder dem Deuten beziehungsweise dem Erstellen von Horoskopen sehr bewandert.

Aulophobie. Die Flöte ist neben der Triangel das harmloseste Instrument überhaupt. Nichtsdestotrotz jagt sie einigen Menschen Angst und Schrecken ein.

Der Begriff Automatonophobie beschreibt die Furcht vor Puppen. Darunter zusammengefasst ist alles, was dem menschlichen Individuum ähnlich sieht, folglich auch Statuen.

Bibliophobie bezeichnet die Angst vor Büchern. Dazu gehören auch Orte und Dinge, die an ein Buch erinnern. Gemieden werden deshalb auch Buchläden und Bibliotheken.

Bufonophobie bedeutet Furcht vor Fröschen und anderen Amphibien. Sie geht weit über diese Tierart hinaus und bezieht sich auf alles, was mit Fröschen zu tun hat, angefangen bei Bildern von und Filmen über sie.

Die Caligynephobie bezeichnet die Angst vor schönen Frauen. Macht nix, es gibt ja auch noch die Hässlichen …

Cathisophobiker sind Menschen, die sich nicht trauen zu sitzen. Das heißt, Betroffene nehmen nach Möglichkeit nicht

Platz. Die Angst davor kann verschiedene Hintergründe haben: Man möchte sich nicht dreckig machen, man fürchtet, nicht schnell genug wegzukommen, wenn es brenzlig wird usw.

Die Catoptrophobie beschreibt die Furcht vor Spiegeln beziehungsweise dem eigenen Spiegelbild. Die, die darunter leiden, meiden also sämtliche Oberflächen, die reflektieren.

Bei der Chorophobie trauen Betroffene sich nicht zu tanzen, weil sie sich dabei womöglich lächerlich machen könnten.

Als Chromatophobie bezeichnet man die Angst vor (grellen) Farben.

Clinophobie beschreibt die Angst vor dem Zubettgehen. Davon Betroffene gehen also erst dann schlafen, wenn es nicht mehr anders geht. Ihren Anfang nimmt diese Störung meist im Kindesalter, wenn man sich vor der Dunkelheit oder Monstern und wilden Tieren oder Einbrechern fürchtet. Manche Menschen hingegen haben Angst davor, nie mehr aufzuwachen, wenn sie einmal eingeschlafen sind.

Coulrophobie meint die Furcht vor Clowns. Deren Gesicht kann durch die starke Bemalung sehr erschreckend wirken, weswegen diese Art der Phobie häufig in der Kindheit ihren Anfang nimmt.

Von Cyberphobie sind all jene betroffen, die Angst vor Computern oder auch einer Tätigkeit am Rechner haben.

Doch nicht nur das, auch computerisierte Handys, deren Nutzung und der Umgang damit jagt ihnen Furcht ein; zudem alle Orte, an denen es Computertechnologie gibt.

Die Dendrophobie bezeichnet die Panik vor Bäumen. Das heißt, manche Menschen werden also nie einen Wald betreten oder einzelnen Bäumen zu nahe treten.

Dextrophobie ist die Angst vor Dingen, die sich rechts vom Körper befinden.

Diplopiphobiker sind Menschen, die fürchten, doppelt zu sehen. Ge- und vermieden wird also alles, was Doppelsichtigkeit verursachen könnte, also beispielsweise der Genuss von zu viel Alkohol, der Besuch eines Spiegelkabinetts usw. – und natürlich Schielen.

Bei Easiophobie haben Betroffene Angst vor dem Schreiben, schon allein der Gedanke daran kann sie in Panik versetzen. Diese Störung schließt neben dem Schreiben mit Stift auf Papier das Tippen am Computer ein.

Ecclesiophobie bezeichnet die Angst vor Kirchen. Menschen fürchten sich dabei nicht nur vor dem Besuch einer Kirche, deren Anblick oder ihrer Abbildung usw., sondern auch vor Priestern und anderen religiösen Vertretern oder Heiligen.

Electrophobiker leiden unter der Furcht vor Elektrizität.

Epistemophobie ist die Angst vor Wissen. Davon Betroffene wollen also keinesfalls über irgendetwas informiert werden. Sollte es Ihnen ebenfalls so gehen, sollten Sie sofort aufhören zu lesen.

Euphobie beschreibt die Furcht vor guten Neuigkeiten.

Friggaphobie meint die Angst vor Freitagen – dabei sind die Montage doch viel schlimmer!

Der Begriff Glucodermaphobie bezeichnet die Angst vor der Haut, die sich auf Milch, Kaffee oder Pudding bildet.

Homichlophobiker fürchten sich vor Nebel.

Unter Hypertrichophobie versteht man die Angst vor (zu viel) Haaren. Aber nicht nur vor denen am eigenen Körper, sondern auch die Angst vor beispielsweise in fremden Bädern herumliegenden Haaren.

Koumpounophobie ist die Angst vor Knöpfen, und zwar die an Kleidungsstücken. Für davon Betroffene gilt: Es lebe der Reißverschluss!

Mit Kyphophobie wird die Furcht vor dem Bücken bezeichnet. Dieser Begriff schließt auch die vor dem Einnehmen einer gebückten Haltung ein.

Unter der Leukophobie versteht man die Angst vor der Farbe Weiß. Das heißt, die Betroffenen ziehen zum Beispiel keine weißen Socken an und streichen ihre Wände bunt. Sie sollten vor allem kalte Regionen meiden, denn es könnte dort schneien.

Die Levophobie ist genau das Gegenteil der Dextrophobie. Menschen, die darunter leiden, haben Angst vor Dingen, die sich links von ihrem Körper befinden. Sie würden beispielsweise nie ihre Uhr am linken Handgelenk tragen.

Methrophobie bezeichnet die Angst vor oder die Abneigung von Poesie. Aaaah, ein sechsfüßiger Jambus! Rette sich, wer kann!

Nomatophobie beschreibt die Furcht vor Namen. Wie darf man sich das nun wieder vorstellen? He, du! Du mit den langen roten Haaren, komm her!

Papaphobie. Bei dieser ungewöhnlichen Angststörung meiden Betroffene den Papst, vielmehr die Nähe zum Oberhaupt der katholischen Kirche. Das dürfte angesichts der Sicherheitsvorkehrungen nicht allzu schwierig sein. Deutlich komplizierter wird es, wenn man auch den Gedanken an den Papst vermeiden möchte, was nämlich auch unter diese Störung fällt.

Paraskavedekatriaphobie ist der Name jener krankhaften Angst, die Menschen vor sogenannten Unglückstagen wie Freitag dem 13. ergreift.

Unter der Pentheraphobie versteht man die Furcht vor der Schwiegermutter – was ja manchmal nicht ganz unberechtigt ist ...

Als Pteronophobie bezeichnet man die Angst davor, mit Federn gekitzelt zu werden beziehungsweise die Angst vor Federn allgemein.

Taphephobie beschreibt die Sorge, als Scheintoter lebendig begraben zu werden.

Triskaidekaphobie wird die Angst vor der Zahl 13 genannt, die auf Aberglauben zurückzuführen ist.

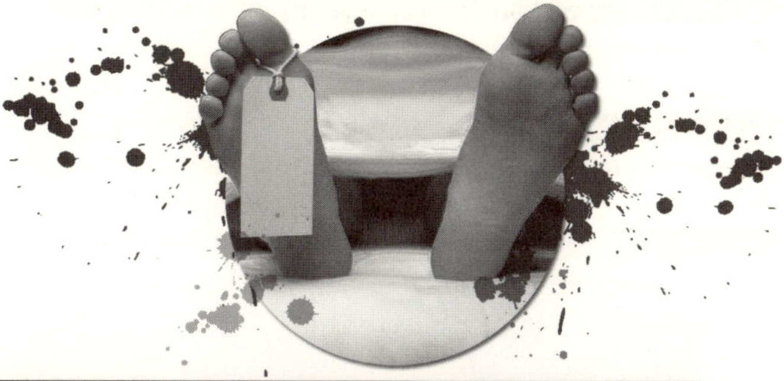

Aufgepasst! Die Gefahr lauert immer und überall

Es heißt, im Haushalt passieren die meisten Unfälle. Es gibt aber auch noch andere Orte, um sich eine schreckliche Verletzung zuzuziehen oder gar zu Tode zu kommen.

Durch fliegende Sektkorken sterben jährlich mehr Menschen als durch den Biss einer giftigen Spinne.

Männer, die von der brasilianischen Wanderspinne gebissen werden, leiden stundenlang unter einer schmerzhaften Dauererektion. Frauen hingegen müssen »nur« einen kaum erträglichen, weit ausstrahlenden und brennenden Schmerz aushalten.

Etwa hundert Menschen ersticken jährlich an Kugelschreibern.

Durch herabfallende Kokosnüsse kommen pro Jahr mehr Menschen um als aufgrund von Haiattacken.

Etwa drei Menschen sterben jährlich, weil sie das Funktionieren einer 9-Volt-Batterie mit der Zunge getestet haben.

In den USA kommen aufs Jahr gerechnet 2500 Linkshänder beim Gebrauch von für Rechtshänder gefertigten Gebrauchsgegenständen ums Leben.

2000 Franzosen verletzen sich beim Austernöffnen jährlich so stark, dass sie ärztliche Hilfe benötigen.

In Paris müssen jedes Jahr 650 Menschen ins Krankenhaus gebracht werden, weil sie auf einem Hundehaufen ausgerutscht sind.

Mit 110 Stichen muss eine Kettensägenverletzung im Schnitt genäht werden.

Unfälle auf Booten fordern jedes Jahr etwa 700 Tote.

Die meisten Sportverletzungen passieren beim Aufwärmen und nicht bei der eigentlichen sportlichen Betätigung.

Jedes Jahr müssen 400 000 Kinder wegen eines Fahrradunfalls in die Notaufnahme. Trotz Fahrradhelm.

Der Rauch bei Feuer tötet mehr Menschen als das Feuer selbst, weil der Rauch Kohlenmonoxid und andere gefährliche Gase enthält.

Die Jahreszeit, in der die meisten Selbstmorde begangen werden, ist der Frühling. Im Winter nehmen sich Menschen am seltensten das Leben.

Die meisten Verletzungen, die sich Frauen beim Schminken am Auge zufügen, gehen auf die Mascarabürste zurück.

Das Gift in unserem Garten

Unsere Pflanzen sehen nicht nur schön aus – manche von ihnen sind auch ganz schön giftig. Und trotzdem stehen sie auf unseren Fensterbänken, schmücken sie unsere Balkone und Häuser und wachsen und gedeihen überall um uns herum.

Manchmal verwechseln Pilzsucher den Knollenblätterpilz mit essbaren Champignons. Ein einziger Knollenblätterpilz kann bereits tödlich wirken. In Deutschland sterben jedes Jahr zwischen 40 und 60 Personen an den Folgen einer Pilzvergiftung.

Der Blaue Eisenhut ist eine der giftigsten Pflanzen Europas. Zwei bis fünf seiner Blätter entfalten seine tödliche Wirkung. Aber auch die übrigen Pflanzenteile sind giftig, vor allem die Wurzel. Bereits 0,2 Gramm reichen aus, dass es zu Vergiftungserscheinungen kommt, 2 Gramm sind fatal. Das Gift führt zu Herzarhythmien, Krämpfen und Kreislauflähmungen. Dem gehen ein Prickeln auf den Lippen und eine Taubheit der Zunge voraus. Die Betäubung erfasst dann allmählich den ganzen Körper. Das Herz schlägt immer schneller, wobei der Tod meistens infolge einer Lähmung der oberen Atemmuskulatur eintritt.

Der Milchsaft sogenannter Euphorbien, wozu auch der Weihnachtsstern gehört, führt bei Hautkontakt zu Reizungen derselben. Gelangt davon etwas in den Mund, sind vergiftungsähnliche Symptome und Verdauungsstörungen die Folge. Haustiere reagieren übrigens empfindlicher auf Pflanzenstoffe als Menschen, also Vorsicht!

Alle Pflanzenteile des Gemeinen Efeus sind lebensgefährlich. Zeichen einer Vergiftung können schon nach der Einnahme von zwei bis drei Beeren auftreten: Brennen im Rachen, Durchfall und Erbrechen, Kopfschmerzen, erhöhter Puls, Krämpfe. Nimmt man auch noch größere Mengen zu sich – was aber unwahrscheinlich ist, da Efeu sehr bitter schmeckt –, können Schock und Atemstillstand auftreten.

Der Rittersporn ist hochgradig giftig. Er enthält in allen Pflanzenteilen, besonders aber in den Samen, giftige Alkaloide. Speziell Kinder sind gefährdet. Bitte darauf achten, dass sie Samen oder Blätter der beliebten Gartenpflanze nicht zu sich nehmen. Die Vergiftungserscheinungen äußern sich in Form von Magenreizung mit Durchfall, Bewegungsstörungen und nervösen Symptomen. Die gefährlichen Stoffe greifen auch die Herzmuskulatur an.

Das in Aloe Vera enthaltene flüssige Aloin hat einen sehr bitteren Geschmack. Es befindet sich im Blattgrün der Pflanze. Aloin ist ein gelblicher Saft und wirkt sehr stark abführend.

Bereits ein Blatt oder eine Blüte der Azalee können erste Vergiftungssymptome verursachen. Dazu zählen Übelkeit, Brechreiz, Bauchschmerzen und Durchfall. Aber es kann auch zu schweren Herzrhythmusstörungen, Atemproblemen und Krampfanfällen kommen.

Auf Hispaniola, dem heutigen Haiti und der Dominikanischen Republik, wurden damals Sklaven aus Afrika zum Zerkauen von Dieffenbachien gezwungen. Das führte zu einer derart starken Reizung ihrer Schleimhäute, dass sie über mehrere Tage nicht mehr sprechen konnten. Auch unliebsame Zeugen wurden auf diese Weise durch das »Schweigrohr« vorübergehend an einer Aussage gehindert. Die Dieffenbachia seguine ist diesbezüglich nicht zu übertreffen.

Beim Oleander sind alle Pflanzenteile giftig. Er enthält das Glykosid Oleandrin, ein Gift, das das Herz angreift. Es verursacht zudem Kopfschmerzen, Übelkeit und Krämpfe. Bei stärkerer Dosierung können Herzrhythmusstörungen auftreten. Werden auch noch die Erregungsleitungen am Herzen blockiert, so kann es zum Herzstillstand kommen, der nicht selten tödlich verläuft.

Auch der Fingerhut ist als Ganzes hochgiftig. Bereits der Verzehr von zwei bis drei Blättern kann tödlich enden. Das machte den Roten Fingerhut 2007 zur Giftpflanze des Jahres.

Der Gemeine Stechapfel sowie der Weiße Stechapfel enthalten die giftigen Tropan-Alkaloide Hyoscyamin und Scopolamin. Alle Pflanzenteile sind giftig, besonders gefährlich sind jedoch Wurzeln und Samen. Bereits Mengen ab 0,3 Gramm können Vergiftungserscheinungen wie zum Beispiel gesteigerte Erregung, Sinnestäuschungen, Übelkeit, Pupillenerweiterung mit Sehstörungen sowie Atemlähmung hervorrufen.

Die Eibe enthält das giftige Alkaloid Taxin. Ihre Rinde, Nadeln und Samen sollte man also auf keinen Fall zu sich nehmen.

Der Verzehr des Pfaffenhütchens führt zu Bauchschmerzen, Übelkeit, Erbrechen und Durchfall. Als tödliche Dosis reichen 30 bis 40 Früchte aus. Verantwortlich dafür ist ein ganzer Giftcocktail: Evonin, Koffein, Theobromin — auch jedes Alkaloid für sich ist in größeren Mengen tödlich. Das Pfaffenhütchen war auch schon mal Giftpflanze des Jahres, und zwar 2006.

Die Herbstzeitlose war 2010 Giftpflanze des Jahre. Alle ihre Bestandteile enthalten das dafür verantwortliche Alkaloid Colchicin. Die Vergiftungssymptome kündigen sich zunächst mit einem Brennen im Mund an. Es folgen Schluckbeschwerden, Übelkeit und Erbrechen, das oft mit blutigem Durchfall einhergeht.

Eine Überdosierung von Wasserdost kann zu Brechreiz führen. Erst in größeren Mengen eingenommen gilt diese Heilpflanze als giftig, was an den selbst in der Wurzel enthaltenen Pyrrolizidinalkaloiden liegt. Sie haben eine stark leberschädigende Wirkung.

Schon allein der Blütenduft der Engelstrompete kann zu Vergiftungen oder einem narkotisierenden Effekt mit Kopfschmerzen, Übelkeit und Erbrechen führen. Von einer Vergiftung im eigentlichen Sinne spricht man, wenn Übelkeit, Erbrechen, Unruhe, Verwirrtheit und ein verstärkter Tränenfluss auftreten. Es kommt zu Fieber, Sehstörungen, Pulsbeschleunigung, Krämpfen, geweiteten sowie lichtstarren Pupillen und Erregungs- bis Tobsuchtsanfällen. Das Ganze kann tödlich enden, und zwar mit einem Atemstillstand.

Die Rinde, Blätter und Samen der Brechnuss sind giftig. Vor allem Letztere enthalten die an Chlorogensäure gebundenen Nervengifte Strychnin und Brucin. Diese bewirken eine Lähmung des zentralen Nervensystems. Bereits ca. 0,2 Gramm des Brechnusssamenextrakts können zu Zwerchfellkrämpfen, Muskelzuckungen sowie zum Tod durch Atemlähmung führen.

Der Wasserschierling ist eines der giftigsten Doldengewächse. Der Verzehr aller seiner Bestandteile ist sehr gefährlich. Besonders giftig sind aber die durch Luftkammern schwimmfähigen Knollen. Ihre Bedenklichkeit wird durch Polyine, insbesondere das Cicutoxin, verursacht. Schon durch die Einnahme geringer Mengen kann der Tod aufgrund von Atemlähmung eintreten.

Die Paternostererbse zählt zu den Hülsenfrüchten und ist eine Giftpflanze. Schon der Verzehr einer einzigen kleinen Erbse kann tödlich sein. Das im Samen enthaltene Proteidgift Abrin ist in seiner physiologischen und toxischen Wirkung fast identisch mit Schlangengift.

Die Beeren der Schwarzen Tollkirsche, auch Belladonna genant, enthalten das Gift Hyoscyamin. Bei Kindern führen bereits drei bis fünf Beeren zum Tod. Bei Erwachsenen sind es etwa zehn Beeren. Man stirbt innerhalb von 14 Stunden durch Atemlähmung.

Der Mensch und sein Körper

Auch wenn wir uns täglich waschen, unsere Zähne putzen, Deo benutzen und uns die Fußnägel regelmäßig schneiden – unser Körper ist voll von beängstigenden Dingen und wir können nichts dagegen tun.

Der Mensch hat im Mund mehr Bakterien als im Darmausgangsbereich. So tummeln sich weit mehr als 22 Millionen Bakterien im Mundraum. Auf der Zungenoberfläche sind es etwa 11 680 000, auf dem Zahnfleisch 5 200 000, an den Zungenrändern 2 800 000, an den Wangeninnenseiten 1 166 000 und am Gaumen schließlich 1 025 000.

Die Haarbalgmilbe setzt sich in die Poren der Kopfhaut und ernährt sich von Talg. Experten schätzen, dass es etwa fünf Haarbalgmilben je Quadratzentimeter sind. Das heißt, ein Mensch beherbergt in der Regel einige Hundert Exemplare.

Das menschliche Herz kann so hohen Druck erzeugen, dass das Blut etwa 9 bis 10 Meter weit spritzen würde. Der normale Blutdruck beträgt 130 mmHg (Millimeter-Quecksilbersäule, also der Druck, der von einer Quecksilbersäule von einem Millimeter erzeugt wird), also umgerechnet 0,1729 Bar.

Unser Darm ist ein etwa 8 Meter langer Schlauch, der sich vom Magenausgang bis zum After schlängelt. Ganz grob kann man ihn unterteilen in Dünn- und Dickdarm, die wiederum aus diversen Unterdärmen bestehen. Insgesamt wiegt der Darm ca. 2 Kilogramm und hat eine Oberfläche von 400 bis 500 Quadratmetern. Das ist größer als die Fläche eines Tennisplatzes, der nur 260 Quadratmeter misst.

Ein Barthaar ist 0,06 bis 0,2 Millimeter dick und wächst etwa 0,4 Millimeter am Tag. Würde man sich ein Jahr lang nicht rasieren, so käme man auf eine Länge von ungefähr 9 Zentimeter. Und würde ein Mann zeit seines Lebens auf Rasierapparat und Klinge verzichten, so würde sein Bart am Ende bis zu 10 Meter lang sein. Wahrscheinlich würde er ständig darüberstolpern und sich verletzen.

Uns fallen täglich am Kopf etwa 100 Haare aus. Um von starkem Haarausfall zu sprechen, hängt es vom betroffenen Bereich ab und ob die Zahl der verlorenen Haare deutlich über dem Durchschnitt liegt. Konzentriert sich der Ausfall auf einzelne Stellen oder nur auf den Oberkopf, dann ist das doch eher besorgniserregend.

Die durchschnittliche Anzahl der Kopfhaare liegt bei 100 000 mit einer Dichte von 200 Haaren/Quadratzentimeter. Addiert man die Länge sämtlicher Haare, um die diese pro Tag wachsen, so kommt man auf 30 Meter.

Die längsten Haare hat die Chinesin Xie Qiupin. Sie lässt ihr Haar seit 1973 – damals war sie 13 – wachsen. Bei der letzten Messung kam man auf eine Länge von 5,627 Metern. Sie könnte sich also mehrmals damit umwickeln – oder aber ihr Haar schleift wie eine Schleppe einige Meter hinter ihr her.

Jeder Mensch produziert 2 Liter Magensäure täglich. Der Salzsäuregehalt liegt bei 0,5 Prozent – eine Konzentration, bei der sich eine Rasierklinge auflösen würde.

Die Höhe des pH-Werts des Speichels ist für die Zahnsubstanz entscheidend. Von einem normalen, das heißt neutralen Wert spricht man bei 7,0. Doch bereits bei einem pH-Wert von 6,7 setzt der Entmineralisierungsprozess auf der Zahnwurzeloberfläche ein. Ab 5,5 muss sich dann auch der Zahnschmelz diesem Schicksal fügen.

Jeder Mensch produziert im Leben so viel Speichel, dass man damit ein ganzes Schwimmbecken füllen könnte. Der Speichelfluss schwankt im Tagesverlauf sehr stark. Nachts z. B. sinkt er fast auf null, schließlich wollen wir nicht im Schlaf an unserem eigenen Speichel ersticken. Beim Essen hingegen steigt er erheblich, bei einem Zwieback z. B. auf 3,4 Milliliter pro Minute.

Die Blase eines gesunden Menschen platzt nicht einfach, nur weil man den Urin zurückhält. Die meisten von uns verspüren starken Harndrang, sobald sich zwischen

250 und 500 Milliliter Urin in der Blase befinden. Verzögert sich jedoch, warum auch immer, der Gang zur Toilette, läuft das Hohlorgan immer weiter voll. Spätestens wenn das maximale Füllvolumen von 400 bis 1000 Millilitern überschritten ist, kann auch die stärkste Blase dem Druck nicht mehr standhalten. Wie bei einem Überlaufventil kann man das Wasser nicht mehr halten und nässt ein.

Der Urin eines gesunden Menschen ist direkt nach dem Wasserlassen steril. Ist er es nicht, liegt z. B. eine Blaseninfektion vor. Und die Hände sollte man sich trotzdem waschen, da Harnstoff ein prima Nährboden für Bakterien ist.

Der Durchschnittsmensch verliert am Tag im Schnitt 85 000 Gehirnzellen, es werden aber nur 50 neue gebildet.

Über 90 Prozent der Frauen haben asymmetrische Brüste. Meist handelt es sich jedoch nur um eine geringfügige Abweichung.

Die Nase eines Menschen nimmt etwa 50 000 verschiedene Gerüche wahr, die sich alle einprägen. Der Großteil dessen ist leider eher unangenehmer Natur.

Über 1200 Liter Blut fließen täglich durch die Nieren und werden von ihnen gefiltert. Würden sie ihren Dienst versagen, würden wir an Vergiftung sterben.

Die Haut unserer Füße hat ca. 250 000 Poren, die jeden Tag ungefähr eine Vierteltasse Schweiß absondern.

Hinsichtlich Ohrenschmalz kann man beim Menschen von zwei Gruppen sprechen. Die eine entwickelt die feucht-klebrige, hell- bis dunkelbraune Variante und die andere die bröselige, grau-braune trockene. Die Ureinwohner Nordostasiens und Amerikas sondern Letzteren ab und die übrige Bevölkerung, also Afrikaner und Europäer, den feuchten Ohrenschmalz. Das Gen dafür liegt übrigens auf Chromosom 16.

Ohrenschmalz ist neben Galle das einzige Sekret des Menschen, das stark bitter schmeckt.

Stadtmenschen produzieren wegen der dreckigen Luft mehr Ohrenschmalz als die Landbevölkerung.

Der erste Lippenpflegebalsam soll unter anderem aus Ohrenschmalz bestanden haben. Leider war der Geruch so unerträglich, dass sich dieses Produkt nicht durchgesetzt hat.

Während des Schlafs kann der menschliche Körper etwa 1 Liter Schweiß abgeben. Bei den 13 Prozent Nacktschläfern in Deutschland landet der Schweiß ungehindert in Laken und Bettzeug. In Norwegen sind es sogar 31 Prozent, die im Adamskostüm schlafen.

Frauen haben mehr Schweißdrüsen als Männer. Sie sind jedoch weniger aktiv als die der Männer.

Der Mensch produziert einen Dreiviertelliter Speichel am Tag. Bei Mund-offen-Schläfern landet ein Großteil davon nachts im Kissen.

Im Winter müssen wir morgens dringender aufs stille Örtchen als im Sommer. Das liegt daran, dass wir in der warmen Jahreszeit nachts mehr schwitzen und somit weniger Flüssigkeit die Blase erreicht.

34830 Liter Urin pinkeln wir in unserem Leben. Das macht 315 lauwarme Badewannenfüllungen.

Urin wurde im Antiken Rom zur Zahnreinigung verwendet, da der hohe Ammoniakgehalt desinfizierend wirkt. Er war also so etwas wie der Vorläufer unseres Mundwassers.

Die verschiedenen Arten menschlichen Kots werden anhand der Bristol-Stuhlformen-Skala wiedergegeben.
Demnach gibt es sieben verschiedene Typen:
Typ 1: Einzelne feste Kügelchen, schwer auszuscheiden
Typ 2: Wurstartig, klumpig
Typ 3: Wurstartig mit rissiger Oberfläche
Typ 4: Wurstartig mit glatter Oberfläche
Typ 5: Einzelne weiche, glattrandige Klümpchen, leicht auszuscheiden
Typ 6: Einzelne weiche Klümpchen mit unregelmäßigem Rand
Typ 7: Flüssig, ohne feste Bestandteile
Die Typen 1 und 2 weisen auf eine Verstopfung hin, die Typen 5 bis 7 auf Durchfall. Die Typen 3 und 4 gelten als »Idealstuhl«.

Der menschliche Stuhl erhält seine (im Normalfall) typische braune Farbe durch die Gallenflüssigkeit.

Warum müssen wir pupsen? Zum einen schlucken wir Luft, wenn wir zum Beispiel hastig essen. Zum anderen entstehen Gase, wenn unverdaute Nahrung im Dickdarm durch Bakterien zersetzt wird. Der Anteil an Luftsauerstoff und Stickstoff eines Pupses verraten, wie sehr wir für unsere Blähungen selbst verantwortlich sind und ob wir mit mehr Disziplin beim Essen ihre Zahl verringern können. In jedem Fall müssen wir mit rund 1 Liter Pups am Tag rechnen.

Ein Mensch verbringt etwa drei Jahre seines Lebens auf der Toilette.

In einschlägigen Medizinbüchern wird der Geruch von frischem Sperma einstimmig als »kastanienblütenartig« beschrieben.

Ein Spermium enthält 750 Megabyte an DNA-Daten. Das macht pro Ejakulation ca. 164,8 Millionen Gigabyte, was wiederum rund 270 Millionen Gigabit pro Sekunde entspricht. Diese Bandbreite entspricht also 350 000 Terabyte Datentransfer pro Orgasmus.

Das Ejakulat tritt mit einer durchschnittlichen Geschwindigkeit von 44,8 Stundenkilometern aus.

Durchschnittlich ejakuliert ein Mann 7200 Mal in seinem Leben. Dabei können bis zu 6 Milliliter Sperma abgesondert werden, also über 43 Liter insgesamt.

Nur schlappe 200 Spermien von über 100 Millionen, die jeweils im Ejakulat enthalten sind, erreichen die weibliche Eizelle.

Beim Niesen kann es passieren, dass wegen des dabei entstehenden Drucks eine Rippe bricht. Versucht man hingegen, diesen Reflex zu unterdrücken, könnte in Kopf oder Hals ein Blutgefäß reißen. Und lässt man während des Niesens die Augen offen, könnten sie herausgedrückt werden.

Wenn man niest, stellt der Körper für genau diesen Moment sämtliche Funktionen ein. Sogar das Herz hört auf zu schlagen.

Die absolute Höchstgeschwindigkeit, die Tröpfchen beim Niesen aufgenommen haben, ist 165 Stundenkilometer.

In unserem Leben nehmen wir (versehentlich) etwa 70 Insekten und zehn Spinnen zu uns. Und wer viel Fahrrad fährt, verspeist natürlich noch mehr Fliegen/Mücken als andere. Und für die Vegetarier sei gesagt, dass an Insekten so gut wie kein Fleisch dran ist, sondern dass sie meist einen Chitinpanzer haben, der nur aus Zellulose und Polysacchariden besteht.

Die Sensibilität des Mittelfingers einer Frau ist während der Menstruation geringer als sonst.

Die weibliche Brust hüpft, zählt man jede kleinste Bewegung auf einer Joggingstrecke von einem Kilometer Länge zusammen, insgesamt 84 Meter in die Höhe und wieder zurück.

Der Dreck, der sich im Bauchnabel zu einem Fussel zusammenfügt, besteht aus Flusen von Kleidung, Schweiß und Hautschuppen.

Der Mensch verliert in seinem Leben so viele tote Hautzellen, dass er damit 20 Kilopackungen Mehl füllen könnte.

Der menschliche Daumen hat jeweils die gleiche Länge wie die Nase. Ebenso sind Unterarm und Fuß gleich lang.

Die Kiefermuskulatur des Menschen ist im Verhältnis zu anderen Muskeln unseres Körpers am stärksten. Damit können wir bis zu 600 Newtonmeter erzeugen, ein Porsche Turbo im Vergleich dazu etwa 560 Newtonmeter. (Ein Newtonmeter ist das Drehmoment, das eine Kraft von 1 Newton bei einem Hebelarm von 1 Meter am Drehpunkt erzeugt.)

Totengräber berichten, dass menschliche Kadaver heute nicht mehr so schnell verwesen wie noch vor einigen Jahren. Eine mögliche Ursache dafür können die vielen Konservierungsstoffe in der Nahrung sein.

Würde man alle Bakterien aus den menschlichen Eingeweiden herausnehmen, würde das einen Kaffeebecher füllen.

Die Flüssigkeit, der das menschliche Blut in seiner Zusammensetzung am ähnlichsten ist, ist das Meerwasser. In ihrem Aufbau sind sie identisch, wenn man die im Blut enthaltenen Zellen und Proteine weglässt.

Das menschliche Gehirn hat eine Speicherkapazität von etwa 4 Terabyte. Das sind 4 194 304 Megabyte oder 4096 Gigabyte. Zum Vergleich: Eine CD hat lediglich 650 Megabyte, was immerhin schon 74 Minuten Musik entspricht.

Unser Gehirn hört mit dem 18. Lebensjahr auf zu wachsen.

Wenn der Mensch die Kraft all seiner Muskeln gleichzeitig zusammenfassen und einsetzen würde, dann könnte er etwa 2000 Tonnen Gewicht stemmen.

Auf 2,5 Quadratzentimeter Haut kommen 650 Schweißdrüsen, 20 Blutgefäße und während des Sommers sechs oder sieben Mückenstiche zusätzlich.

Der menschliche Durchschnittskörper besteht unter anderem aus 206 Knochen. Davon befinden sich allein 106 in den Händen (je 54) und Füßen (je 52). Das heißt, man kann sich bei einem sehr unglücklichen Sturz im schlimmsten Fall 54 Handknochen brechen.

Schmerz wandert mit einer Geschwindigkeit von 106 Meter pro Sekunde durch den Körper.

Männer tragen mehr Blut als Frauen mit sich herum. Bei ihnen sind es 5,68 Liter, bei Letzteren dagegen nur 3,31 Liter.

Unser Gehirn braucht etwa 25 Prozent des gesamten Sauerstoffs, den unser Körper aufnimmt.

Die menschliche Lunge lässt sich 100 Mal leichter aufblasen als ein Party-Luftballon.

Ab einem Alter von 40 Jahren beginnt der Mensch zu schrumpfen.

Frauen haben um die 500 Gene mehr als Männer. Darum können sie zum Beispiel auch nicht farbenblind werden oder die Bluterkrankheit bekommen.

Während eines Kusses tauscht man mehr als 278 Bakterien-Kolonien mit dem Partner aus.

Ab einem Alter von ca. 60 Jahren besitzt der Mensch etwa nur noch die Hälfte seiner ursprünglichen Geschmacksnerven.

Der Mensch pupst durchschnittlich 14 Mal am Tag.

Guten Appetit!

Wissen wir wirklich immer, was wir so zu uns nehmen? Manche Lebensmittel, die wir schon von Kindesbeinen an kennen, sind alles andere als gesund und ihr Verzehr kann unter bestimmten Umständen sogar tödlich sein.

Muskat, intravenös gegeben, ist tödlich. Dabei ist das Gewürz an sich überhaupt nicht giftig. Auf diesem Weg wirkt es aber wie ein sogenannter MAO-Hemmer. Das körpereigene Enzym Monoaminoxidase, das für den Abbau der im Muskat enthaltenen Amine zuständig ist, wird dabei sozusagen ausgeschaltet. Entfällt dieses Enzym also bei der Verstoffwechselung, werden körperfremde Amine nicht mehr abgebaut und es kommt zu einer Vergiftung.

Fugu ist eine japanische Spezialität, die aus dem Muskelfleisch des Kugelfischs zubereitet wird. Haut und Innereien dieses Meeresbewohners sind hingegen durch das darin enthaltene Tetrodotoxin hochgiftig. Nur durch eine besondere Zubereitungstechnik kann verhindert werden, dass das Gift ins Fleisch und somit in die Speise gelangt. Daher muss heute in Japan jeder, der mit Fang, Handel oder Verarbeitung von Kugelfisch zu tun hat, eine spezielle Lizenz besitzen. Um Fugu zubereiten zu dürfen, muss der Koch zwei Jahre in einem Fugu-Restaurant gearbeitet und eine entsprechende Prüfung darüber abgelegt haben.

Sowohl die Blätter, die Rinde, die unreifen Beeren als auch die Samen des Schwarzen Holunders sind giftig, da sie das cyanogene Glykosid Sambunigrin enthalten. Bei empfindlichen Menschen kann ihr Verzehr zu Erbrechen und leichten Krämpfen bis hin zu starkem Durchfall oder Magenbeschwerden führen. Bei Schweinen, Hunden, Hasen, Kaninchen, Meerschweinchen und Hamstern kommt es zu Erbrechen, Durchfall und Atembeschwerden. Vögel zeigen bei Aufnahme unreifer Beeren und anderer Pflanzenteile Verdauungsstörungen und Erbrechen, bei ihnen kann die Aufnahme großer Mengen sogar zum Tod führen.

Rizinussamen sind sehr giftig, da in ihrer Schale toxische Proteine, darunter das hochgiftige Rizin, enthalten sind. Es ist in seiner Gefährlichkeit mit dem Gift der Kobra zu vergleichen. Eine Faustregel besagt, dass schon eine Menge von 0,25 Milligramm tödlich ist. Rizin löst sich zwar in Wasser, ist aber fettunlöslich und daher im als Arzneimittel gebrauchten Rizinusöl nicht enthalten. Beim Pressen der Samen verbleibt das Gift nämlich in den Rückständen.

Bittere Mandeln sind giftig, denn Sie enthalten das Glycosid Amygdalin, das durch ein Enzym und durch die Magensäure in Blausäure gespalten wird. Eine bittere Mandel enthält sozusagen ca. 1 Milligramm Blausäure, sechs bis zehn Bittermandeln gelten als tödliche Dosis bei Kindern, 50 bis 60 Kerne bei Erwachsenen. Im Falle einer Vergiftung kommt es zur Lähmung des Atemsystems. Das Gift Amygdalin kommt auch in den Kernen beziehungsweise Samen von Pfirsichen, Kirschen, Pflaumen, Äpfeln und Birnen vor, allerdings in wesentlich geringeren Mengen.

Rhabarber enthält, wie viele andere Gemüsesorten auch, Oxalsäure. Und die ist giftig. Je später der Rhabarber geerntet wird, desto saurer schmeckt er und umso mehr Oxalsäure ist darin enthalten. Vor allem seine Blätter sind giftig. Der Oxalgehalt steigt im Laufe der Wachstumsperiode von anfänglich 60 Milligramm pro 100 Gramm Rhabarber auf bis zu 500 Milligramm. Die gesundheitsschädliche Dosis für einen Erwachsenen liegt bei 5 bis 15 Gramm.

Rote Tomaten sind an sich nicht giftig, aber das Kraut, der Stielansatz und der grüne Teil der Frucht, was am darin enthaltenen Tomatidin liegt. Der Verzehr des Krauts oder sehr unreifer Früchte kann Übelkeit und Erbrechen zur Folge haben.

Solange Auberginen unreif sind, enthalten sie das Alkaloid Solanin, was zur Vergiftung führt. Das Gemüse kann aber auch geringe Mengen von Nikotin enthalten. Die Menge kann höchst unterschiedlich sein und bis zu 100 Mikrogramm pro Kilogramm Frucht erreichen.

Weltweit werden jährlich etwa 300 Millionen Tonnen Kartoffeln geerntet. Ihre Schale sowie die grünen unter ihnen enthalten jedoch Alkaloide in konzentrierter Form. Die Dosis von 200 Milligramm, bei der erste Vergiftungserscheinungen auftreten können, entspricht dem Genuss von mehr als 2,5 Kilogramm roher Kartoffeln. Neben Solanin enthalten grüne Knollen und Keimlinge Chaconin und Leptine.

Gemeine Tricks hinterhältiger Tiere

Auch Tiere können hinterlistig und schrecklich gemein sein. Hier ihre heimtückischsten Kniffe.

Die Mexikanische Mokassinotter (Agkistrodon bilineatus) ist mit drei Unterarten in küstennahen Bereichen vom nördlichen Mexiko bis Costa Rica vertreten. Erwachsene Tiere haben eine Gesamtlänge von etwa 80 Zentimetern. Sie ernähren sich von Mäusen, Ratten, Vögeln, Eidechsen, Fröschen und Fischen. Da sie, verglichen mit anderen Schlangen eher kurz und schwer sind, haben sie eine ganz eigene Methode entwickelt, um ihre Beute zu fangen: Mit ihrer Schwanzspitze, die sie leicht anheben, locken die Mexikanischen Mokassinotter Eidechsen oder Frösche an. Die halten diese wiederum für einen Wurm, kommen näher und schon ist es um sie geschehen.

Die Geierschildkröte (Macrochelys temminckii) ist in den USA, und zwar von Georgia bis Florida sowie von Texas bis Iowa und in Indiana, beheimatet. Sie ist stark an Wasservorkommen gebunden und begibt sich eigentlich nur zur Eiablage an Land. Die übrige Zeit liegt sie mit geöffnetem Maul auf dem Gewässergrund im Schlamm versunken. Indem sie den rötlichen Zungenfortsatz bewegt, werden Fische angelockt, die versuchen, den vermeintlichen Wurm zu schnappen. Die Schildkröte wiederum lässt diese nicht mehr ziehen, sobald sie in ihr Maul geschwommen sind. Mit demselben Trick erbeutet sie Wasservögel, Frösche, Schlangen, kleinere Schildkröten, Schnecken und Würmer.

Der Teppichhai oder Wobbegongs (Orectolobidae) ist ein auf dem Meeresgrund lebender Fisch mit einer Länge von 1,50 bis 1,80 Metern. Er ernährt sich vor allem von dort unten lebenden wirbellosen Tieren wie zum Beispiel Krebsen, Kalmaren und Kraken. Diese Art Hai lauert vor allem, das heißt, ihre Vertreter liegen am Meeresboden, bis sich potenzielle Opfer ihrem Kopf und den dort befindlichen Hautlappen nähern. Die Beute wird durch ein rasches Öffnen des großen Mauls und den dabei entstehenden Unterdruck dort hineingesaugt.

Der Bucklige Anglerfisch (Melanocetus johnsonii) hat eine äußerst fiese Methode, an Nahrung zu kommen. Bekannt ist er auch aus dem Film *Findet Nemo*. Sein erster Flossenstrahl ähnelt auch in seiner Funktion einer Angel, an deren Ende sich eine Art Köder befindet. Damit wedelt der Anglerfisch herum, sobald sich interessante Nahrung nähert. Ist diese in unmittelbarer Reichweite, reißt er sein Maul auf und saugt die Beute ein.

Die Fühlerschlange (Erpeton tentaculatum) nutzt den Fluchtreflex der Fische auf raffinierte Weise für ihre eigenen Zwecke. Zunächst bewegt sie nur den Mittelteil ihres Körpers, wodurch der Wasserdruck ganz leicht schwankt. Das veranlasst das potenzielle Opfer, reflexartig in die Gegenrichtung zu schwimmen. Und genau darin besteht der tödliche Trick: Die Beute bewegt sich dann nämlich fatalerweise direkt auf das geöffnete Schlangenmaul zu. Das Ganze dauert lediglich rund 20 Millisekunden. Kurz, was?

Der Grünreiher (Butorides virescens) benutzt einen ganz anderen Kniff. Und zwar lässt er einen Köder auf die Wasseroberfläche fallen und lockt damit kleine Fische an. Wenn diese danach schnappen, schnappt auch der Reiher zu. Manche ihrer Vertreter sind ganz besonders kreativ und klauen das Brot, das nette Menschen eigentlich an Enten verfüttern wollen – das nennt man dann Mundraub.

Die australische Raubwanze (Stenolemus bituberus) ist DAS Raubtier schlechthin unter den Insekten. Um Spinnen anzulocken, zupft die kleine Raubwanze zunächst an den Fäden des Spinnennetzes, dehnt diese dann und durchschneidet sie schließlich in aller Ruhe mit ihren Vorderbeinchen. Die dabei entstehenden leichten Vibrationen veranlassen die Spinne, sich ihrer kleinen und vermeintlich unterlegenen Beute langsam zu nähern. Und schon sitzt diese in ihrem eigenen Netz in der Falle.

Nasenbären ernähren sich in der Regel von Würmern, Eiern, Früchten und Insekten. Doch ab und zu brauchen sie etwas Größeres, ein richtiges Tier halt. Zu ihren Leibspeisen zählen nämlich grüne Leguane. Diese sind oft auf Bäumen anzutreffen und so jagt der Nasenbär – vielmehr die Weibchen mit ihren Jungen, Männchen sind Einzelgänger – im Rudel den Leguan. Manchmal klettern sie sogar auf den Baum und erschrecken das Schuppenkriechtier. Dies springt dann zu Boden, wo es die anderen Nasenbären sofort in Beschlag nehmen.

Die schönen Leuchtsignale der Glühwürmchen sind in der Regel dafür da, damit männliche und weibliche Tiere zur Paarung zueinanderfinden. Es gibt jedoch unterschiedliche Arten von Glühwürmchen, deren Signale sich in Länge und Rhythmus voneinander unterscheiden. Das Gemeine ist, dass Weibchen aus der Gattung Photuris die Blinksignale von Photinus-Weibchen nachahmen können. Damit locken sie deren männliches Pendant an, um es anschließend zu verspeisen. Einige Photuris-Arten haben sich sogar ein ganzes Repertoire von Signalen verschiedener Photinus-Arten angeeignet – je nachdem, welche Art gerade unterwegs ist.

Die Langschwanzkatze aus dem Amazonasgebiet wendet einen ähnlichen Trick an wie Entenjäger. Doch anstatt wie diese eine Pfeife zu benutzen, imitiert sie die Laute von Babyaffen. Deren Eltern steigen daraufhin von den Bäumen herab, um nach der Ursache zu suchen, und schon hat die flinke Katze sie in ihren Fängen.

Tatort Deutschland

Im Vergleich zu anderen Ländern leben wir in sehr sicheren Gefilden. Doch auch in Deutschland ist nicht alles immer Friede, Freude, Eierkuchen. In manchen Städten geht es heiß her, so sollte man auf seine Brieftasche grundsätzlich ein besonderes Augenmerk haben.

Frankfurt am Main führt seit Jahren die deutsche Kriminalitätsstatistik an. Im weltweiten Vergleich ist die Mainmetropole aber nur ein »kleiner Fisch«. Nicht einmal 50 Straftaten gegen das Leben (Mord, Totschlag, Raub) bezogen auf 100 000 Einwohner sind für internationale Großstädte ein »Traumziel«. In New York beispielsweise wurden letztes Jahr 471 Menschen ermordet, in Los Angeles waren es 458. Noch »traumhafter« geht es bei unseren Nachbarn zu: Mit im letzten Jahr 41 Tötungsdelikten in Zürich und 18 in Wien sind Leib und Leben nahe der Alpen sehr sicher.

Hannover ist nicht Teil der Liste, weil es dort viele Morde gibt, sondern weil die niedersächsische Landeshauptstadt die Spitzenposition bei Rauschgiftkriminalität, Alkoholmissbrauch und Körperverletzung einnimmt. Hannover ist hinsichtlich der lauernden Gefahren also nicht zu unterschätzen.

Bremen muss an dieser Stelle genannt werden, weil die Zahl der Delikte dauerhaft über dem Bundesdurchschnitt liegt. Und das liegt daran, dass in der Stadt an der Weser schlicht und ergreifend ausreichend geklaut wird, um die hohe Position zu halten.

Berlin ist um den 1. Mai herum traditionell dem nationalen Krawall-Tourismus ausgesetzt. Es gibt aber auch einen sichtbaren Trend zu Betrugsdelikten wie zum Beispiel Skimming, dem Ausspionieren von Geheimzahlen am Geldautomaten.

Die Freie Hansestadt Hamburg hat einen enormen Zuwachs an Vermögens- und Fälschungsdelikten sowie Beteiligungs- und Kapitalanlagenbetrug zu verzeichnen. Auch die Geld- und Wertzeichenfälschung lebt an der Elbe wieder auf. Die Formen des Betrugs sind sehr vielfältig.

In Köln hat die Zahl schwerer Straftaten wie Raub, gefährliche und schwere Körperverletzung, Freiheitsberaubung, Nötigung und Bedrohung nachweisbar deutlich zugenommen.

Bonn ist in der Kriminalitätsstatistik wieder um einige Plätze nach oben gerutscht. Fakt ist, dass die ehemalige Hauptstadt im Jahr 2010 wieder genauso viele Straftaten zu verbuchen hatte wie im Rekordjahr 1997. Dass dabei 7000 Betrugsfälle aus einem einzigen großen Internet-Betrugsverfahren stammen, macht das Problem nicht wirklich harmloser.

Durch die rapiden Zuwächse an Taschendiebstahl – fast 74 Prozent – und Wohnungseinbrüchen, ein Plus von 17 Prozent im Vergleich zum Vorjahr, rangiert inzwischen auch Düsseldorf unter den gefährlichsten Städten Deutschlands.

Pest oder Cholera?

Krankheiten und Seuchen gibt es seit Anbeginn der Menschheit. Teilweise kam es zu großen Verlusten, doch wir haben bislang immer überlebt. Doch eine Reihe von Seuchen ist immer noch nicht ausgerottet und wütet noch heute in einigen Regionen der Erde, z. B. Lepra.

Als Schwarzer Tod wird die große, von 1347 bis 1353 in Europa um sich greifende Pestwelle bezeichnet. Sie forderte geschätzte 25 Millionen Todesopfer, das ist ein Drittel der damaligen europäischen Bevölkerung. Nach heutigem Wissensstand brach die Krankheit zuerst in Asien aus und gelangte über die Handelsrouten nach Europa. In Florenz etwa überlebte nur jeweils einer von fünf Bürgern. Der Name Beulenpest geht übrigens zurück auf die stark geschwollenen, extrem schmerzhaften Beulen am Hals, in den Achselhöhlen und in den Leisten. Ursache dafür ist die Infektion der Lymphknoten und Lymphgefäße. Entzündet können sie einen Durchmesser von bis zu 10 Zentimetern erreichen. Dabei kommt es zu inneren Blutungen in den Gefäßen, weshalb die Lymphknoten blau-schwarz gefärbt sind.

Die gebräuchliche Entsprechung der Poliomyelitis (kurz Polio) ist die Kinderlähmung. Zu ihren bekanntesten Opfern zählt der ehemalige US-Präsident Franklin D. Roosevelt. Der von Albert Sabin entwickelte Lebendimpfstoff gegen Polio führte ab 1960 zu erheblichen Fortschritten in der Bekämpfung dieser Krankheit. Dank dieses Mittels sank die Zahl der Poliofälle von jährlich mehreren Hunderttausend auf nur noch etwa 1000. Die Polioviren können muskelsteuernde Nervenzellen des Rückenmarks befallen und zu bleibenden Lähmungserscheinungen führen. Es können des Weiteren langfristig Durchblutungs- und Hauternährungsstörungen zurückbleiben. Als eine weitere dauerhafte Folge können verschiedene Arten der Deformierung, beispielsweise der Füße, auftreten.

Die Pocken forderten bis Mitte des 20. Jahrhunderts Millionen von Todesopfern. 20 bis 60 Prozent aller Infizierten starben, insbesondere für diejenigen, die den aggressiveren Pockenerreger Variola major in sich trugen, gab es keine Hoffnung. Eine Infektion mit der Variola-minor-Variante verlief hingegen selten tödlich, sehr viele erblindeten jedoch infolge der Krankheit. Unzählige kleine, mit Flüssigkeit gefüllte Bläschen überziehen dabei die Haut der Patienten und hinterlassen hässliche Narben im Gesicht.

Cholera ist eine schwere bakterielle Infektionskrankheit und wird durch das Bakterium Vibrio cholerae verursacht.

Die Infektion erfolgt zumeist über verunreinigtes Trinkwasser. Die Bakterien können extremen Durchfall und Erbrechen verursachen, was zu einer sehr schnellen Austrocknung führen kann. Die Sterblichkeitsrate liegt bei bis zu 70 Prozent, bleibt die Krankheit unbehandelt. Die letzte größere bekannte Choleraepidemie breitete sich 1991 in Peru aus. Am 9. Februar rief die dortige Regierung den nationalen Notstand aus, trotzdem weitete sich die Epidemie auch in andere Länder aus. Von den insgesamt etwa 400 000 Erkrankten starben schätzungsweise 12 000 Menschen.

Der Name Ebola geht auf den gleichnamigen in der Demokratischen Republik Kongo gelegenen Fluss zurück. Dort trat das Virus 1976 zuerst auf. Das Ebolafieber verläuft in 50 bis 90 Prozent aller Fälle tödlich. Und bis jetzt gibt es keine erfolgreiche Therapie, um die Erkrankung zu behandeln. Das Ebolavirus wird von Mensch zu Mensch durch direkten Körperkontakt sowie mangelnde Hygiene übertragen. Nach Ablauf der Inkubationszeit treten Symptome ähnlich wie bei einer Grippe auf. Dann folgen hohes Fieber (>38,5 Grad Celsius), Leber- und Nierenfunktionsstörungen einhergehend mit Ödemen, innere Blutungen, blaue Flecken, blutiger Stuhl und Urin, Schockzustände und Kreislaufzusammenbrüche, Krämpfe und Lähmungserscheinungen sowie Übelkeit einschließlich Erbrechen, Durchfall, Haut- und Schleimhautblutungen. Insbesondere führen Blutungen im Magen-Darm-Kanal, in der Milz und in der Lunge zum Tod.

Malaria wird auch Sumpf- oder Wechselfieber genannt. Hervorgerufen wird sie von einzelligen Parasiten der Gattung Plasmodium. Übertragen hingegen wird sie hauptsächlich durch den Stich der weiblichen Stechmücke der Gattung Anopheles. Krankheitssymptome sind hohes, wiederkehrendes bis periodisches Fieber, Schüttelfrost, Beschwerden des Magen-Darm-Trakts und Krämpfe. Besonders bei Kindern kann Malaria rasch zu Koma und Tod führen. Weltweit sterben jährlich knapp 1 Million Menschen daran, etwa die Hälfte von ihnen sind Kinder unter fünf Jahren.

Die Beulenpest wird meist durch den Stich eines infizierten Flohs ausgelöst, kann aber auch durch Flüssigkeiten übertragen werden. Das Krankheitsbild beginnt mit hohem Fieber sowie Schüttelfrost, Kopf- und Gliederschmerzen sowie unbestimmten Schwindelgefühlen. Meist entsteht bereits am zweiten Tag eine stark schmerzende Schwellung an der infizierten Stelle. Diese verfärbt sich im weiteren Krankheitsverlauf häufig bläulich. Wirt des Überträgers sind meist kleine Nagetiere wie etwa Mäuse. Von daher befinden sich die Flohbisse beziehungsweise Schwellungen in der Regel an den Beinen der Betroffenen. In seltenen Fällen gehen die »Beulen« auf und nässen. In den folgenden Tagen können sich weitere Schwellungen zeigen. Manchmal streuen die Bakterien über den Blutweg, beispielsweise wenn Pestbeulen nach innen platzen. Die Patienten entwickeln dann eine Sepsis, die alle Organe betreffen kann. Im Endstadium können massive Blutungen der Haut auftreten und es kann zu einem Multiorganversagen kommen, das dann den Tod bedeutet. Unbehandelt enden mehr als 50 Prozent aller Beulenpestfälle tödlich.

Die Spanische Grippe war eine Pandemie, die zwischen 1918 und 1920 zig Millionen Todesopfer forderte. Das

Gefährliche an diesem Virus ist, dass er eine Überreaktion des körpereigenen Abwehrsystems auslöst, die das Lungengewebe zerstört. Da junge Erwachsene im Allgemeinen ein starkes Immunsystem besitzen, verlief die Erkrankung bei ihnen am schwersten. Die Zerstörung körpereigenen Gewebes durch das schwächere Immunsystem von Kindern und alten oder kranken Menschen war dagegen wesentlich geringer.

Die Influenza oder auch die »echte« Grippe beziehungsweise Virusgrippe ist ebenfalls eine gefährliche Krankheit. Im Alltag wird die Bezeichnung »Grippe« häufig auch für den grippalen Infekt verwendet, bei dem es sich um verschiedene andere, in der Regel deutlich harmloser verlaufende Virusinfektionen handelt. Das Gefährliche an der Influenza sind aber meistens nicht die Viren selbst, sondern die bakterielle Sekundärinfektion, die auf eine Grippeerkrankung folgen kann. Da der Organismus aufgrund der Bekämpfung der Influenza-Viren bereits geschwächt ist, können Bakterien sehr leicht in den Körper eindringen, sich vermehren und dort zu weiteren Krankheiten führen.

Jedes Jahr werden rund 500 neue, bis dato unbekannte Krankheiten entdeckt, die den Menschen befallen können, insbesondere im psychologischen Bereich. Auch Aids wurde beispielsweise erst am 1. Dezember 1981 als eigenständige Krankheit erkannt.

Fahrprüfung

Es gibt Straßen und es gibt STRASSEN. Eine Landstraße hierzulande ist in den meisten Fällen keine große Herausforderung für den, der am Steuer sitzt. Diese Routen hier haben es jedoch in sich. Sie sind schwierig zu fahren und lebensgefährlich, aber doch sehr faszinierend, wenn man achtgibt.

Der Col de Turini ist ein Pass in den französischen Meeralpen. Er liegt auf 1607 Meter im Hinterland der französischen Riviera. Einigen dürfte er auch dadurch bekannt sein, dass er Teil der jährlich dort stattfindenden Rallye Monte Carlo ist. Als eine der gefährlichsten Straßen Welt zählt diese Strecke deshalb, weil 34 sehr schmale Serpentinen zum Pass hinaufführen. Seitlich begrenzt werden die engen Kurven lediglich durch niedrigste Steinmäuerchen.

Die North Yungas Road in Bolivien ist auch bekannt als El Camino de la Muerte, zu Deutsch »Todesstraße«. Sie ist etwa 69 Kilometer lang und liegt auf einer Höhe von 4650 Metern. Einspurig und ungeteert wurde sie 1995 von der Interamerikanischen Entwicklungsbank offiziell zur »gefährlichsten Straße der Welt« erklärt. Bis zum Bau einer Ausweichroute im Jahr 2006 haben dort jährlich etwa 300 Menschen ihr Leben gelassen.

Die Guoliang Tunnel Road in China befindet sich in einem Berg im in der Provinz Henan gelegenen Taihang-Gebirge. 1977 wurde der Tunnel eröffnet, er ist 1,2 Kilometer lang, 5 Meter hoch und etwa 4 Meter breit. Die Guoliang Tunnel Road wird auch »die Straße, die keinen Fehler verzeiht« genannt. Die meisten Unfälle dort geschehen nämlich aus Unaufmerksamkeit. 13 Arbeiter sind allein schon bei ihrem Bau umgekommen.

Der Trollstigen in Norwegen ist auch nicht ohne. Der Name bedeutet so viel wie »Troll-Leiter«. 1936 wurde die bis heute nur wenige Meter breite, teilweise nur einspurige Straße eröffnet. Der Trollstigen kann witterungsbedingt in nur einem kurzen Zeitraum befahren werden, etwa von Anfang Juni bis Ende September.

Die letzten 965 Kilometer der russischen Bundesstraße M 56, die von Moskau in die sibirische Stadt Jakutsk führt, tragen den Namen Russian Federal Highway. Im Winter ist das Vorwärtskommen dort noch vergleichsweise angenehm. Die Fahrbahn ist dann nämlich vereist und einigermaßen sicher zu befahren. So liegt die Durchschnittstemperatur im Januar bei etwa minus 43,2 Grad Celsius. Taut es jedoch, verwandelt sich die Straße in knietiefen Matsch, wodurch sie mit dem Auto unpassierbar wird.

Der Passo dello Stelvio in Italien, bekannt auch unter dem Namen Stilfser Joch, ist mit einer Höhe von 2757 Metern der höchste asphaltierte Gebirgspass des Landes. Die etwa 50 Kilometer lange Straße ist in der Regel von Ende Mai bis November geöffnet.

Der Van Zyl's Pass in Namibia gilt als die »hohe Schule der Geländefahrt«. Ohne das entsprechende Fahrzeug und GPS-Navigation kann man auch gleich wieder umkehren. Die Fahrbahn ist nicht markiert und auf weiten Strecken somit nicht erkennbar. Die Bezeichnung »Straße« ist in diesem Fall eher unangebracht, da die Strecke über Felsbrocken und große Steine hinwegführt, manchmal auch durch Hohlwege hindurch oder mitten durchs Ödland. Schnelles Tempo ist unmöglich – meist kriecht man mit 20 Stundenkilometer durch die Gegend. Reifenpannen, Umkippen des Autos oder das Hängenbleiben an Felsen ist dort an der Tagesordnung.

Eine Militärstraße zwischen Russland und Georgien hat es ebenfalls in sich. Wenn diese nicht gerade mit Schnee bedeckt ist, dann mit Schlamm. Die tief im Kaukasus gelegene Straße, die beide Länder miteinander verbindet, wird fast ausschließlich vom russischen Militär genutzt, weswegen diese auch keine offizielle Bezeichnung trägt. Im Winter ist sie wegen der Schneemassen fast unpassierbar, und dichter Nebel lässt so manchen Abgrund erst im letzten Moment erkennen.

Junge, Junge!

Der Mann, das unbekannte Wesen … Immer wieder kommen neue erschreckende Details ans Licht, die man (nicht nur als Frau) lieber nicht gewusst hätte.

Fast jeder vierte Mann verzichtet vor dem Zubettgehen aufs Zähneputzen, wie eine Erhebung der Techniker Krankenkasse ergab. Die Gründe für den seltenen Griff zur Zahnbürste: 29 Prozent sind angeblich zu müde, 23 Prozent vergessen die abendliche Mundhygiene einfach und 22 Prozent gaben an, dafür keine Zeit zu haben.

Eine Umfrage der *Apotheken Umschau* belegt: Jeder fünfte Mann wechselt nicht täglich seine Unterhose. Hingegen trägt nur jede 17. Frau ihren Slip länger als einen Tag.

Britische Wissenschaftler fanden heraus, dass jeder dritte Mann sich nach dem Toilettenbesuch nicht die Hände mit Wasser und Seife wäscht.

70 Prozent der Männer duschen zwar nicht täglich, aber immerhin 80 Prozent benutzen jeden Tag Deo.

Nach Deo und Rasierwasser ist Schluss. Trotz des inzwischen großen Angebots an Pflegeprodukten verzichten 80 Prozent der Männer auf Kosmetik, die darüber hinausgeht.

67 Prozent der verheirateten Männer sind übergewichtig.

50 Prozent aller Männer singen, wenn sie allein im Auto sind.

80 Prozent der in Flensburg registrierten Verkehrssünder sind männlich.

Wenn Mann sich heutzutage erstmals traut, ist er im Durchschnitt 33 Jahre alt. Vor zehn Jahren lag das durchschnittliche Heiratsalter bei Männern noch bei 29 Jahren.

94 Prozent der Männer finden es o. k., noch mal mit ihrer Ex zu schlafen.

Knapp 10 Prozent der Männer würden mit der Partnerin ihres besten Freundes schlafen.

Pro zusätzlichem Zentimeter Körpergröße verdienen Männer um 0,6 Prozent mehr Gehalt als ihre kleineren Arbeitskollegen.

Männer putzen ihre Wohnung im Schnitt 1 Stunde und 52 Minuten in der Woche.

Männer verbringen täglich 24,6 Minuten im Bad.

Rund 3350 Stunden seines Lebens wendet der Durchschnittsmann für die Rasur auf.

Bereits ab dem siebten Monat kann der männliche Fötus im Mutterleib eine Erektion haben.

Frauen sind gar nicht von der Venus (und andere furchtbare Wahrheiten über sie)

Frauen sind allerdings auch nicht ohne. Über sie gibt es ebenfalls erschreckende Erkenntnisse, die es lohnt zu berichten.

Frauen verbrauchen in ihren Leben 2,7 Kilogramm Lippenstift.

Die deutsche Frau bekommt im Durchschnitt mit knapp 30 Jahren ihr erstes Kind. Da sich zudem die Zahl der Geburten in den letzten 40 Jahren fast halbiert hat, sieht es schlecht aus mit dem deutschen Nachwuchs.

Nur 9 Prozent der Frauen würden niemals etwas mit einem Kollegen anfangen.

15 Prozent der Frauen haben schon einmal im Handy eines Partners geschnüffelt und SMS gelesen beziehungsweise die Telefonliste durchsucht.

Ein gutes Drittel der Frauen erzählt ihrem Partner nicht, wie viele Vorgänger es gibt.

38 Prozent der Frauen haben bereits mehr als 20 Männer geküsst, bevor sie sich fest binden.

39 Prozent der Frauen würden ihrem Partner einen Seitensprung verschweigen.

56 Prozent der Frauen würden ihr Date schon beim ersten Treffen küssen.

57 Prozent der Frauen verlieben sich erst auf den zweiten Blick.

35 Prozent der Frauen, aber nur 14 Prozent der Männer meinen, Sexentzug sei manchmal die einzige Möglichkeit, den anderen zum Nachdenken zu bringen.

3 Prozent der Frauen würden für 100 000 Euro ein Jahr auf Sex verzichten.

88 Prozent aller Frauen empfinden eine nackte, also unbekleidete Männerbrust als nicht besonders erotisierend.

Die Dichte der dabei zur Schau gestellten Behaarung spielt dabei keine Rolle.

76 Prozent aller deutschen Frauen würden selbst ihrer besten Freundin den Mann ausspannen – wenn er es wert ist.

90 Prozent der Frauen würden eher auf Sex als auf eine Umarmung verzichten, wenn sie wählen müssten. Bei Männern ist es genau umgekehrt, was für diese natürlich tragisch ist ...

Frauen haben zwei Körperteile, die sich selbst reinigen können: ihre Augen und ihre Vagina.

Can't stop till you get enough

Fast jeder hat mit einer Sucht zu kämpfen – sei es die nach Schokolade, die nach Adrenalin oder die Sudoku-Abhängigkeit. Die Süchte, die man am schwersten wieder loswird, sind hier versammelt.

Kaufsucht. In Zeiten des Internetshoppings verfällt man leicht dem Konsumrausch. Schlimm wird es vor allem dann, wenn das Gekaufte zu Hause gar nicht erst ausgepackt wird, sondern mitsamt Einkaufstüte, Verpackung oder Kiste im Schrank verstaut wird. Als Kaufsucht bezeichnet man den Zwang, ständig Dinge zu erwerben, die man gar nicht braucht. Unter dieser Störung leiden etwa 5 bis 8 Prozent der Bevölkerung. Das Blöde daran ist, dass irgendwann das Geld nicht mehr reicht und der Platz in der Wohnung immer weniger wird.

Sexsucht. Weil die körperliche Liebe anders als beispielsweise Kokain keine Substanz darstellt, bezeichnet man die Sexsucht als »nicht-stoffliche Sucht«. Schätzungsweise 5 bis 6 Prozent aller Menschen in den westlichen Ländern leiden darunter. Das Verhältnis von betroffenen Männern zu darunter leidenden Frauen beträgt vier zu eins. Wie andere Abhängigkeiten auch nimmt sie im Laufe der Zeit zu und äußert sich in dem Bedürfnis nach immer mehr sexueller Betätigung. Das führt bei einer bestehenden Partnerschaft zu Problemen, und auch finanziell und beruflich kann sich die Sexsucht nachteilig auswirken.

Spielsucht. Von problematischem Spielverhalten beziehungsweise pathologischem Spielen spricht man, wenn der Impuls, wieder einmal den einarmigen Banditen mit Geld zu füllen, ein paar Spielchips auf den Roulettetisch zu werfen oder auf ein Pferd oder Glückszahlen zu setzen, kaum noch oder gar nicht mehr unterdrückt werden kann. Davon Betroffene sagen, dass sie nicht in der Lage sind, das Glücksspiel durch Willensanstrengung zu unterbrechen. Darunter leidet der Geldbeutel extrem, sodass sich viele stark verschulden.

Internetsucht. All jene, die täglich mehr als vier Stunden privat im Internet verbringen, sind oberflächlich betrachtet abhängig. Der Faktor Zeit spielt bei der Diagnose jedoch eine eher untergeordnete Rolle, bedeutender sind Aspekte wie Kontrollverlust (es wird mehr Zeit im Internet verbracht als beabsichtigt), Craving (unkontrollierbares Verlangen nach Online-Spielen) und Toleranzentwicklung (die Tätigkeit als emotional angenehm zu empfinden dauert erheblich länger als zu Beginn der Erkrankung). Es gibt Hinweise darauf, dass die Internetsucht bis zu 3 Prozent der Bevölkerung in Deutschland betrifft, weitere 6 Prozent gelten als gefährdet. Diese Art der Abhängigkeit hat zur Folge, dass die Betroffenen vereinsamen, da sie immer häufiger und immer länger vor dem PC sitzen.

Alkoholsucht. Viele Menschen greifen abends zu Wein, Bier oder Schnaps, um wieder runterzukommen und abschalten zu können. Von riskantem Alkoholkonsum spricht man bei Männern, wenn diese mehr als 30 Gramm reinen Alkohol täglich trinken. Bei Frauen reicht schon eine geringere Menge, nämlich mehr als 20 Gramm, also ein bis zwei Gläser Wein pro Tag. Ein weiteres Symptom der Abhängigkeit ist, dass die Betroffenen Alkohol brauchen, um sich einigermaßen wohlzufühlen. Dann ist die Schwelle zur Abhängigkeit jedoch schon erreicht. Die Drogenbeauftragte der Bundesregierung geht von zwischen 1,3 und 2,5 Millionen Alkoholabhängigen in Deutschland aus. Männer machen davon etwa 70 Prozent aus.

Nikotinsucht. Jeder vierte Erwachsene in Deutschland raucht regelmäßig. Die meisten von ihnen spielen mit dem Gedanken aufzuhören. Aber das ist gar nicht so einfach, denn vom blauen Dunst ist man sowohl psychisch als auch körperlich abhängig. So ist die Zigarette für viele ein treuer Begleiter – ob in Zeiten der Trauer, bei freudigen Anlässen, schlimmen Überraschungen oder in Stresssituationen. Folglich ist es schwer, davon loszukommen. Die stetige Aufnahme von Nikotin führt übrigens zur Verengung und Verkalkung der Blutgefäße. Und dies wiederum kann einen Herzinfarkt nach sich ziehen.

Tablettensucht. Medikamente in Tablettenform nimmt man bei Bedarf – zur Beruhigung, aber auch gegen Schmerz, als Schlaf- oder Aufputschmittel. Dies bleibt in der Regel lange Zeit unbemerkt, denn es stellen sich ja kein Rausch und keine Verhaltensauffälligkeit ein. »Mother's little helper« nennen sie die Rolling Stones. An den jeweiligen Wirkstoff hat man sich jedoch schnell gewöhnt, sodass man bald zwei Tabletten statt einer nimmt. Der Effekt ist aber wieder nur von kurzer Dauer, doch die Nebenwirkungen – etwa bei dem am häufigsten eingenommenen Benzodiazepin Valium – können stärker und vermehrt auftreten. Mittlerweile sind ebenso viele Menschen von Medikamenten abhängig wie von Alkohol. Die Nebenwirkungen hängen von der jeweiligen Arznei ab, aber es ist fast immer mit Leber- und Nierenschäden zu rechnen.

Nasentropfensucht. Davon Betroffene sind ständig damit beschäftigt, sich Nasentropfen oder -spray in ihr Riechorgan zu träufeln beziehungsweise zu sprühen. Anlass dafür wird wahrscheinlich einmal eine verstopfte Nase gewesen sein. Ein Sprühstoß, und man konnte wieder frei atmen. So weit, so gut. Aber wenn man die Tropfen nicht nach einigen Tagen wieder absetzt, gewöhnen sich die Schleimhäute an den Wirkstoff und schwellen nicht mehr von alleine ab. Zudem können sie sehr stark austrocknen und in letzter Konsequenz sogar absterben.

Kleptomanie. 0,5 Prozent aller Deutschen leiden darunter. Das Stehlen erfolgt ohne materielles Interesse. Vielmehr wird dadurch innere Anspannung reduziert. Dabei kann es zu einem Teufelskreis kommen: Indem man sich für seine Tat im Nachhinein schämt, baut sich ein neues Spannungsgefühl auf, dass dann »kleptomanisch« kompensiert werden muss. Im schlimmsten Fall kann das ständige Klauen zu einer Freiheitsstrafe führen.

Essstörung. Hier wird in zwei Gruppen unterteilt: Magersucht (Anorexie) und Ess-Brech-Sucht (Bulimie). Von beiden sind meist junge Frauen betroffen. Auch ein gesteigerter Diätwahn und der übertriebene Gebrauch von Abführ- und Entwässerungsmitteln sind Formen beziehungsweise Vorläufer dieser Erkrankungen. Das Risiko, von Magersucht betroffen zu sein, liegt für Frauen zwischen 15 und 25 Jahren bei 1 Prozent, bei Bulimie liegt die Wahrscheinlichkeit höher, nämlich bei 1 bis 3 Prozent.

Die wunderbare Welt der Tiere

Tiere haben es auch nicht immer einfach. Manche von ihnen haben einen schrecklichen Ruf, weil sie Krankheiten übertragen. Andere verhungern, wenn sie nicht alle paar Stunden etwas zu fressen zwischen die Zähne bekommen. Wieder andere lassen den Menschen mit seinen Rekorden richtig alt aussehen.

Die gewöhnliche Hausfliege kann bis zu 30 verschiedene Krankheiten übertragen. Dazu zählen beispielsweise diverse Infektionskrankheiten wie die Ruhr, Typhus, Cholera, Salmonellosen, Kinderlähmung, Maul- und Klauenseuche, Tuberkulose und die Ägyptische Augenkrankheit.

Eine Handvoll Stubenfliegen könnten so viele Nachkommen hervorbringen, dass Deutschland unter einer 2 Meter hohen Schicht begraben werden würde. Ein

Stubenfliegenweibchen kann bis zu 900 Eier im Monat legen. Diese wiederum sind drei Tage nach dem Schlüpfen geschlechtsreif.

Weibliche Frettchen sterben an einer Östrogenvergiftung, wenn sie läufig sind und nicht gedeckt werden.

Am erbarmungslosesten wird die Zahl der Geburten bei Wanderratten kontrolliert. Von dem Paar, das sich als Erstes gefunden hat, verfolgt das Männchen alle Tiere ohne Partner, ob männlich oder weiblich. Es tötet in seinem Revier sämtliche »Singles«, um seinen eigenen Nachkommen genügend Lebensraum zu verschaffen. Seltsamerweise sterben die meisten der erlegten Exemplare an Erschöpfung und weniger an körperlichen Verletzungen.

Am strengsten wird unter den Haustieren die Rangordnung bei Hühnern eingehalten. Für die Hierarchie ausschlaggebend ist die jeweilige körperliche Stärke, davon hängt ab, auf welcher Stufe sich ein Huhn befindet. Den obersten Rang bekleidet natürlich der Hahn. Dieser darf also zuerst ans Futter. Im Gegenzug muss er allerdings die schwächeren Tiere gegenüber Angreifern verteidigen. Die sogenannte Hackordnung wird streng eingehalten. Falls ein Huhn eines der höheren Hierarchieebene übergeht, wird es von allen anderen durch Hacken bestraft.

Den verhältnismäßig größten Nahrungsbedarf hat die süße kleine Spitzmaus. Sie kann nicht länger als drei Stunden ohne Futter sein, sonst verhungert sie. Das liegt daran, dass dieses kleine Säugetier einen sehr schnellen Stoffwechsel hat und dauernd Zufuhr braucht. Die Spitzmaus verbringt daher 22 Stunden des Tages mit nichts anderem als Fressen. Was für ein Leben!

Den zweithöchsten Nahrungsbedarf unter den Säugetieren hat der possierliche Maulwurf. Bekommt er etwa zehn Stunden lang nichts zwischen die Zähne, verhungert er.

Den allerkürzesten Schlaf unter allen Säugetieren haben die Okapis. Das ist eine in Zentralafrika beheimatete Waldgiraffenart. Sie ruht nachts zwar etwa sechs Stunden, die Tiefschlafphase – also, die Zeit, in der sie nichts wahrnimmt – dauert jedoch nur 30 Sekunden. Dazu kommt es je Nacht etwa zehn Mal. Das bedeutet eine Gesamtschlafdauer von nur 5 Minuten in 24 Stunden.

Die wohl seltsamste Geburtshilfe leisten Mottenmilben. Werden Männchen sozusagen entbunden, so bleiben diese rund um das Muttertier sitzen. Sie stechen dessen Leib an und ernähren sich von dem austretenden Saft. Erscheint jedoch ein Weibchen in der Geburtsöffnung, ziehen die Männchen ihre Schwester dort heraus. Diese Hilfe leisten sie nur, wenn weibliche Mottenmilben das Licht der Welt erblicken. Sofort im Anschluss daran werden diese von einem »Bruder« begattet.

Unter den Vögeln ist es der arme Stockerpel, der die kürzeste Lebenserwartung hat. Man trifft ihn in Großbritannien an, wo er von allen Tieren am häufigsten gejagt wird. Noch vor Erreichen seines zehnten Lebensmonats wird er geschossen. Normalerweise können die männlichen Exemplare dieser schönen Entenart ein Alter von zwölf Jahren erreichen – allerdings nicht in England.

Die kürzeste natürliche Lebenserwartung unter den Vögeln hat hingegen das Rotkehlchen. Diese Singvogelart wird nur schlappe zwölf Monate alt.

Die höchste Lebenserwartung unter den Vögeln haben die Papageien. Sie können bis zu 100 Jahre alt werden. Somit überleben sie ihre Besitzer und quasseln zwei Generationen voll.

Hinsichtlich Lebenserwartung landet der Geier auf Platz zwei. Sie können bis zu 70 Jahre alt werden. In dieser Zeit fressen sie eine Menge Aas, wodurch Krankheiten übertragen werden können.

Die Situation der in Namibia anzutreffenden Dünenlerche ist in zweierlei Hinsicht besonders. Sie ist »der Vogel, der niemals trinkt«, denn sie beherbergt Zellulose spaltende Bakterien in ihrem Darm, die den Wasserhaushalt ihres Körpers regulieren. Zudem ist sie ausschließlich in der Dünenregion des südafrikanischen Landes zu finden, da sie sich auf die Bedingungen dort spezialisiert hat. Sollten sich diese einmal ändern, hat die Dünenlerche ein Problem.

Der Pappelschwärmer und das Abendpfauenauge müssen nicht fressen. Noch bevor sie sich zum Schmetterling entwickelt haben, nehmen sie als Raupe so viel zu sich, dass sie für immer gesättigt sind. Ihr Dasein als Schmetterling dauert jedoch nicht länger als drei bis vier Monate.

Der Schmetterling, der am längsten braucht, bis er sich entpuppt hat, ist der Gluckenfalter. In seinem Kokon verbringt er ganze sieben Jahre unter der Erde, ist damit also fast lebendig begraben. Seine gesamte Lebenszeit ist dabei auf acht Jahre befristet.

Ein besonders schneller Flieger unter den Insekten ist die Amerikanische Hirschbremse. Sie erreicht eine Topgeschwindigkeit von 11 Metern pro Sekunde, was 40 Stundenkilometern entspricht. In der Dreißiger-Zone würde sie also geblitzt werden!

Das niedrigste Lebensalter hat die Eintagsfliege. Sie lebt nicht mal 24 Stunden, wie ihr Name vermuten lässt. Ihr bleiben nur fünf Stunden. Bis sie zur Fliege geworden ist, lebt sie monatelang als Larve im Wasser.

Der wohl mörderischste Kampf innerhalb eines Körpers spielt sich im Leib des Sandhais ab. Bei dieser Fischart kommt es nämlich während der Tragzeit zu einem vorgeburtlichen Kannibalismus. In einem Weibchen reifen in der Regel mehrere Sandhai-Babys heran, von denen nur zwei das Licht der Welt erblicken. Zuerst fressen diese ihren eigenen Dottersack, der ihnen die wichtigsten Nährstoffe liefert. Die zwei, die als Erstes schlüpfen, bekommen auch als Erstes Zähne. In der späteren Tragzeit, die bei Sandhaien zwischen acht und zwölf Monaten liegt, werden die nachfolgend Geschlüpften und somit Schwächeren von den »Erstgeschlüpften« noch im Mutterleib aufgefressen. Die eigenen Geschwister sind also die einzige Nahrung der noch Ungeborenen.

Im Reich der Fische hat der Tintenfisch die besten Augen. Er hat 70 Millionen Sehnerven, wohingegen es beim Menschen nur 50 Millionen sind.

Das einzige Lebewesen, dessen Körper sich vollständig erneuert, ist der zur Klasse der Hydrolypen zählende Polyp. Er hat einen stielförmigen Rumpf und einen aufgesetzten Kopf. Selbst wenn man den Körper in mehrere Stücke zerschneidet, bildet jedes einzelne Teil einen neuen Kopf und einen neuen Fuß.

Die größte Qualle lebt in der Antarktis. Dabei handelt es sich um die Arktische Riesenqualle, deren Schirm einen Durchmesser von 3,60 Metern erreicht. Sie besitzt außerdem 1200 Fangarme, die alle auf eine Länge von 45 Metern gedehnt werden können, wobei sie jeweils ein lähmendes Gift enthalten. Die Quallen ernähren sich ausschließlich »räuberisch«. Körper und Tentakel bilden dafür ein kreisrundes Netz. Durch eine einzige Drehung kann damit eine Fläche von 600 Quadratmetern innerhalb von 90 Sekunden abgefischt werden. Innerhalb von 10 Sekunden kann die Qualle wieder ihre normale Form einnehmen.

Die giftigste Fortpflanzungsweise können zwei Panzergeißlerarten auf sich verbuchen, und zwar die Einzeller Goniaulax beziehungsweise Gymnodinum. Sie vermehren sich in Scharen dicht unterhalb der Meerwasseroberfläche, wobei sie ein für höhere Lebewesen gefährliches Nervengift abgeben. An den entsprechenden Stellen kommt es zu Fisch-, Krebs- und Muschelsterben.

Verdammte Schnorrer!

Schmarotzer sind immer schrecklich, ob menschliche oder tierische. Letztere sind jedoch meist deutlich ekliger als unsere lieben Mitbürger. Wir bleiben aber auch von nichts verschont …

Der Schweinebandwurm wird – wie auch der Rinderbandwurm – weltweit über den Menschen als seinem Hauptwirt verbreitet. Wir nehmen ihn über das Fleisch auf, das mit den Larven des Bandwurms verseucht ist. Er erreicht eine Länge von bis zu 7 Meter und eine Breite von 7 Millimeter. Die Infektion verläuft meist ohne irgendein Symptom. Falls der Mensch aber als sogenannter Fehlzwischenwirt dient, siedeln sich die Larven vor allem an Zwerchfell, Kehlkopf, Herz, Lymphdrüsen oder im Gehirn an. Dort können sie Kopfschmerzen, erhöhten Hirndruck, neurologische Ausfälle und Hirnhautentzündungen hervorrufen.

Die Dasselfliege (Oestridae) ist auch bekannt unter dem Namen Biesfliege. Ihre Larven sind immer parasitisch und entwickeln sich ihrer Unterfamilie entsprechend in der jeweiligen Körperregion ihres Wirts. Das heißt: Hat man sich Nasendasselmaden eingefangen, so lassen sie sich in der Nasenschleimhaut nieder. Die Rachendasseln wachsen hingegen im Rachenraum und die Hautdasseln im Bindegewebe unter der Haut heran. Weltweit sind etwa 100 Arten der Dasselfliegen bekannt, davon kommen etwa zehn in Mitteleuropa vor.

Der Spulwurm (Ascaris lumbricoides) ist wohl die bekannteste Art von Parasit, von der wir befallen werden können, und er ist weltweit verbreitet. Nehmen wir auch nur eine einzige Larve auf, schlüpft sie sogleich im Dünndarm und durchläuft in unserem Körper drei Larvenstadien. Vom Dünndarm aus bohrt sie sich durch die Darmwand und wandert über den Blutkreislauf zur Leber, wo sie sich häutet und das nächste Larvenstadium erreicht. Von dort geht es weiter zum Herzen und in den Lungenkreislauf, wo sie sich abermals häutet und anschließend über die Bronchien und die Luftröhre zum Kehlkopf gelangt. Von dort wird sie entweder abgehustet oder geschluckt. Nun kehrt die Larve wieder zum Dünndarm zurück, wo sie zum erwachsenen Tier, sprich Wurm, heranwächst. Die Weibchen legen dann, wieder im Dünndarm angekommen, am Tag bis zu 200 000 Eier.

Fadenwürmer, vielmehr die der Unterart Onchocerca volvulus, verursachen Onchozerkose. Der Krankheitsüberträger ist die Kriebelmücke, die hier als Zwischenwirt dient, der Mensch ist der einzige Endwirt für die Würmer. Der Parasit wird über den Stich der Mücke übertragen. Diese Erkrankung ist chronisch und in den tropischen Gebieten Afrikas und Amerikas verbreitet. Bei etwa 10 Prozent der Betroffenen führt sie zu Erblindung, der sogenannten Flussblindheit. Die ausgewachsenen männlichen und weiblichen Würmer leben meist zu mehreren verknäult in bis zu 5 Zentimeter großen Onchozerkomen in der Unterhaut.

Neben einer Reihe von Infektionen verursacht der Fadenwurm eine weitere Erkrankung, die sogenannte Elephantiasis, welche vorwiegend in tropischen Regionen auftritt. Dabei wird ein Körperteil extrem vergrößert, was auf einen Lymphstau zurückgeht. Die Elephantiasis tropica, die vorwiegend in tropischen Regionen auftritt, ist im eigentlichen Sinne keine eigenständige Krankheit, sondern eine Spätfolge. Beispielsweise Würmer gelangen durch den Stich einer Mücke ins lymphatische System und verursachen dort eine chronische Entzündungsreaktion mit Lymphstau, wodurch es mit der Zeit zu einer starken Vergrößerung der Gliedmaße sowie zu einer Verhärtung der Haut kommt.

Der Mensch nimmt den Medinawurm (Dracunculus medinensis) durch von Wurmlarven befallene, winzige Krebse mit dem Trinkwasser auf. Die Larven werden im Magen freigesetzt. Dort angekommen, gelangen sie in den Dünndarm, dessen Schleimhaut sie durchdringen. Kurz darauf sind sie voll entwickelt, sodass sie sich paaren. Das Männchen stirbt anschließend und das befruchtete Weibchen wächst weiter und wandert quer durch das Gewebe zu den Extremitäten. Dabei erreicht es eine Länge von bis zu einem Meter. Meistens siedelt es sich im Bindegewebe der Unterhaut im

Unterschenkel- oder Fußbereich an. Über den Wurmkopf gelangen Ausscheidungen in das Gewebe, sodass sich golfballgroße Geschwüre am Bein bilden können. Klassisch entfernt wird der Wurm mithilfe eines Holzstäbchens. Darum wickelt man den Wurm. Sein Vorderende lugt nämlich aus dem Geschwür heraus. Jeden Tag wickelt man ein Stück weiter, bis zu 10 Zentimeter, nicht mehr, um ein Durchreißen des Wurms zu verhindern. Misslingt die Entfernung damit, so muss der in der Wunde verbliebene Teil operativ entfernt werden. Der Medinawurm ist in den feuchten Gebieten von Afrika, Ägypten bis Pakistan und Indien verbreitet.

Der medizinische Fachbegriff der Bagdad-, Orient- oder Aleppobeule lautet kutane Leishmaniose und kommt überwiegend in den Tropen vor. Die Übertragung findet durch Sand- beziehungsweise Schmetterlingsmücken statt. Durch den Stich eines infizierten Insekts wird der Erreger übertragen. Nach dem Mückenstich kommt es zunächst nur zu einer Rötung. Später bilden sich juckende Knötchen auf der Haut, die dann ein nicht schmerzhaftes Geschwür bilden. Dessen Größe liegt meist zwischen der eines 20-Cent-Stücks und einer 2-Euro-Münze. Die Narben sind leider häufig entstellend.

Die Neuwelt-Schraubenwurmfliege (Cochliomyia hominivorax) ist eine in Süd- und Mittelamerika beheimatete Schmeißfliegenart, deren Maden ihren Wirt von außen befallen. Als sogenannte Parasiten lassen sie sich nur auf Warmblütern, also Säugetieren und Vögeln, nieder, von deren Körpergewebe sie sich ernähren. Die Eiablage der »Mutter« erfolgt vor allem an oder direkt auf Wunden, worauf die Larven schlüpfen und sich bis unter die Haut fressen. Dieser

Befall kann ernsthafte, mitunter tödliche Folgen für den Wirt beziehungsweise uns haben.

Die Schlafkrankheit (Afrikanische Trypanosomiasis) wird von der Tsetsefliege übertragen. Die Tsetsefliege gehört zu den stechenden und blutsaugenden Fliegen und der Erreger (humanpathogene Einzeller aus der Gruppe der Trypanosomen) gelangt mit dem Fliegenspeichel im Stichkanal in den Menschen. Die Infektion verläuft in drei Stadien: Ein paar Wochen nach der Infektion kommt es zu Fieber, Schüttelfrost, Lymphknotenschwellung, Hautausschlag und Juckreiz. Als Nächstes, einige Monate später, stellen sich Verwirrtheit, Koordinations- und Schlafstörungen sowie Krampfanfälle ein. Im Endstadium kommt es zu einem Dämmerzustand, der der Krankheit ihren Namen gegeben hat.

Naegleria fowleri ist ein amöbenähnliches Geißeltier. Es ist ein Parasit, der den Menschen befallen und eine eitrige Hirnhautentzündung, die PAME (Primäre Amöben-Meningoenzephalitis), hervorrufen kann. Sie wird auch als Schwimmbadamöbose bezeichnet, da sich ihr Erreger optimal in warmen Gewässern ausbreiten kann. Er kann z. B. beim Schwimmen in die Nase gelangen und dringt dann entlang des Riechnervs ins Gehirn vor. Drei bis sieben Tage nach einer Infektion kann die PAME ganz plötzlich ausbrechen. Nach hohem Fieber, Übelkeit, Erbrechen, Kopfschmerzen und Nackensteifheit kommt es zu einer eitrigen Hirnhautentzündung, gefolgt von Koma und dem Tod innerhalb einer Woche. Es sind nur wenige Fälle bekannt, bei denen Betroffene durch eine frühzeitige Behandlung gerettet werden konnten.

Der Loa loa oder auch Augenwurm lebt im Unterhautgewebe seines Wirts und ist in West- und Zentralafrika verbreitet. Sein Name deutet es bereits an: Auf seinen Wanderungen durch den Körper dringt er auch in das Auge ein und ist dort unterhalb der Bindehaut sichtbar. Überträger dieses Wurms sind Bremsen der Gattung Chrysops. Bei einem Stich gelangen die Larven in die Haut. Die Entwicklung von der Larve zum ausgewachsenen Wurm dauert etwa 3 Monate. Diese Würmer können sich dann mit einer Geschwindigkeit von etwa 1 Zentimeter pro Minute fortbewegen und ihre Lebenserwartung kann 20 Jahre übersteigen. Aber keine Angst, sie kommen nur im tropischen Afrika vor.

Der Candiru oder Penisfisch lebt nur im Amazonas. Er wächst auf eine Länge von maximal 15 Zentimetern heran und ist von aalähnlicher Form. Er spürt die Atemströmungen anderer Fische auf und schwimmt mit der Strömung in deren Kiemenöffnung. Dabei stellt er einen Stachel zum Festhalten auf und ernährt sich vom Blut, das durch Gefäße der Kiemen strömt. Es kann aber auch vorkommen, dass der Candiru beim Urinieren unter Wasser in die Harnröhre eines Mannes gelangt und dann operativ entfernt werden muss. Passiert das nicht, hat man(n) starke schmerzen und es kann natürlich zu einer Infektion kommen.

Der Hakenwurm gehört in den Tropen und Subtropen zu den häufigsten Verursachern von Wurminfektionen. Es sind 900 Millionen Menschen betroffen, von denen bis zu 60 000 pro Jahr sterben. Blutarmut und die weitreichende Zerstörung der Darmzotten können Bauchschmerzen verursachen. Ausgewachsene Würmer können täglich 20 bis 30 Mikroliter

Blut aufnehmen. Beim Menschen treten Abgespanntheit, Müdigkeit, Bewusstlosigkeit, Depression und Apathie auf. Es kann zu Herzversagen und damit zum Tod kommen. Kinder sterben vor allem aufgrund des Blutverlustes.

Eine ausgewachsene Kopflaus saugt alle zwei bis drei Stunden Blut. Ihr Speichel erzeugt einen lang andauernden Juckreiz. Jedes Jahr kommt es in verschiedenen Regionen Deutschlands zu regelrechten Lausplagen. Kopfläuse können außerdem den Erreger für Fleckfieber (Rickettsia prowazekii) sowie den des Fünf-Tage-Fiebers (Bartonella quintana) übertragen. Leider sind auch diese kleinen Tierchen weltweit anzutreffen.

Bettwanzen sind 5 Millimeter kleine Parasiten, die sich tagsüber in dunklen Ritzen und Matratzen verstecken. Ihr Speichel erzeugt nach dem Biss einen starken Juckreiz mit starker Quaddelbildung. Manchmal bilden sich sogar Bläschen. Weltweit sind 80 Arten bekannt, wovon sechs Arten in Europa und fünf auch in Deutschland, Österreich und der Schweiz vorkommen.

Der Blutegel hat am Kopfende einen Saug- und Haftnapf, in dem sich drei Hornkiefer mit Zähnen befinden. Sein Speichel verhindert die schnelle Gerinnung des Bluts und so kann er lange Zeit an seinem Wirt kleben und Blut saugen. In freier Wildbahn tragen sie zur Übertragung jeder Menge Bakterien und Krankheiten bei. Sie werden auch für medizinische Zwecke genutzt – diese Egel sind dann aber natürlich frei von Krankheitserregern. Wildegel sind in Süßwassergewässern in Europa, Nordafrika und Kleinasien anzutreffen.

Aber auch unsere tierischen Freunde werden von Parasiten nicht verschont:

Der venerische Hundetumor ist eine Krebsart, an der Menschen nicht erkranken. Ihre Übertragungsweise ist aber erschreckend. Hunde können beim Sex und beim Beschnuppern Krebszellen auf ihre Artgenossen übertragen beziehungsweise sich bei anderen Hunden anstecken. Diese Krebsart ist eine Art Parasit, der von Hund zu Hund übertragen wird. Unmittelbar nach der Infektion entsteht bei den Tieren ein Geschwulst, das bereits nach wenigen Monaten wieder zu schrumpfen beginnt und schließlich ganz verheilt.

Einige Forscher sind der Ansicht, dass inzwischen bis zu 75 Prozent aller Insektenarten, darunter auch verschiedene Spinnen, mit der Bakterienart Wolbachia pipientis infiziert sind. Das Gemeine dabei ist die Überlebensstrategie der Bakterien. Sie leben größtenteils in den Geschlechtsorganen und manipulieren die Fortpflanzung des Wirts zu deren Vorteil. So gebären die betroffenen Weibchen ausschließlich Weibchen. Das liegt daran, dass sich das Bakterium nur von der Mutter über die Eizellen, nicht aber vom Vater durch die Spermazellen auf die Nachkommen überträgt.

Der Cymothoa exigua ist ein kleiner parasitischer Krebs, der im östlichen Pazifik beheimatet ist. Nachdem er über die Kiemen oder das Maul in einen Fisch eingedrungen ist, hakt er sich mit seinen Klauen an dessen Zungengrund fest und ernährt sich vom Blut aus der dortigen Arterie. Mit zunehmendem Wachstum des Krebses stirbt die Zunge des Fisches aufgrund mangelnder Durchblutung ab. Von da an nimmt der Krebs den Platz und auch die Funktion der Zunge ein, sodass der Fisch wie bisher Nahrung zu sich nimmt, wovon sich der Krebs miternährt.

Die Raupen des Lungenenzian-Ameisenbläulings (Maculinea alcon, ein Schmetterling) aus Mittel- und Osteuropa werden von Ameisen in deren Bau getragen. Das ist darauf zurückzuführen, dass die Raupen die Duftstoffe und die chemische Oberflächenstruktur der Ameisenlarvenhaut nachahmen. Das heißt, die Ameisen halten die Raupen für ihre eigenen Larven. Bis zum darauffolgenden Frühling leben die verpuppten Schmetterlingsraupen in deren Bauten und werden von ihren »Gastgebern« sogar noch bevorzugt gefüttert. Nachdem der Schmetterling schließlich im Bau geschlüpft ist, bleibt ihm nicht viel Zeit für die Flucht.

Das Schicksal des Dodos

Schrecklich, aber wahr: Einige Tierarten werden unsere Kinder und Enkelkinder niemals zu Gesicht bekommen.

Das letzte Exemplar des Guam-Flughunds (Pteropus tokudae) wurde 1968 erlegt. Eine unbestätigte Sichtung soll es 1974 gegeben haben.

Noch bis zum Ende des 19. Jahrhunderts waren Mondnagelkängurus (Onychogalea lunata) relativ häufig, dann setzte ein dramatischer Rückgang der Populationen ein. Hauptgrund dafür dürfte die Jagd durch eingeschleppte Raubtiere wie z. B. Füchse gewesen sein, dazu kamen auch noch Buschfeuer und die Nahrungskonkurrenz durch eingeführte Haustiere wie Kaninchen. Seit etwa 1956 gelten sie als ausgestorben.

Die Weihnachtsinsel-Spitzmaus (Crocidura trichura) ist inzwischen ausgestorben. Zuletzt wurde 2000 intensiv nach ihr gesucht, wobei kein einziges Exemplar mehr nachgewiesen werden konnte.

Miss Waldrons Roter Stummelaffe (Piliocolobus badius waldronae), beheimatet in Ghana und Elfenbeinküste, weilt auch nicht mehr unter uns. Der letzte Vertreter wurde 1978 nachgewiesen.

Der ursprünglich in China lebende Yunnan-Weißhandgibbon (Hylobates lar yunnanensis) wurde 1988 zuletzt gesichtet. Eine intensive Suche im Jahr 2007 blieb leider ergebnislos.

Der letzte gesicherte Nachweis der australischen Langschwanz-Hüpfmaus (Notomys longicaudatus) stammt von 1901. Da aber 1977 ein Schädel dieser Art in einem Eulengewölle gefunden wurde, könnte es die Langschwanz-Hüpfmaus länger gegeben haben.

Die Flusspferdart Hippopotamus guldbergi existiert leider nur noch als Fossil, das auf die Zeit zwischen 640 bis 1400 n. Chr. datiert wird. Augenzeugenberichte über angebliche Flusspferd-Sichtungen gibt es aus Madagaskar bis ins Jahr 1976.

1932 wurde der letzte Schomburgk-Hirsch (Rucervus schomburgki) in der Wildnis Thailands geschossen. Nur kurze Zeit später, nämlich 1938, wurde das letzte in menschlicher Obhut gehaltene Exemplar von einem Betrunkenen erschlagen.

Das letzte Weibchen des Chinesischen Flussdelfins (Lipotes vexillifer) wurde 2002 fotografiert. Der Säuger strandete am Ufer des Jangtse. Die Suche in den Jahren 2006 und 2007 schlug fehl.

Die letzten Exemplare des in Kamerun beheimateten Westlichen Spitzmaulnashorns (Diceros bicornis longipes) fielen leider Wilderern im Jahr 2006 zum Opfer.

Der letzte Nachweis des Barbados-Waschbären (Procyon lotor gloveralleni) ist ein überfahrenes Tier, das 1964 auf einer Straße nahe Bathsheba im Saint Joseph Parish auf der Karibikinsel Dominica gefunden wurde.

Der letzte reinrassige ursprünglich aus Marokko stammende Berberlöwe (Panthera leo leo) wurde 1922 geschossen.

Der Java-Tiger (Panthera tigris sondaica) weilt ebenfalls schon länger nicht mehr unter uns: Die letzte bestätigte Sichtung geht zurück auf das Jahr 1980.

Berichten zufolge soll das letzte Exemplar des Kaspischen Tigers (Panthera tigris virgata) 1959 im Nordiran geschossen worden sein. Angeblich sollen 1972 Felle jüngerer Tiere illegal gehandelt worden sein.

Der Sansibar-Leopard (Panthera pardus adersi) aus Sansibar wurde dort im Jahr 1991 das letzte Mal gesehen.

Nachdem das letzte eigentlich in Indien beheimatete Exemplar der Malabar-Zibetkatze (Viverra civettina) 1929 in menschlicher Obhut gestorben war, hielt man diese Tierart für ausgestorben. Die Zoological Survey of India erhielt im Jahre 1987 zwei neue Felle, die auf einem illegalen Tiermarkt entdeckt worden waren, sodass man davon ausgehen kann, dass es diese Spezies noch eine Weile gegeben hat. Danach gab es aber keine Nachweise mehr.

Die Forscher gehen davon aus, dass der Dodo (Raphus cucullatus) 1690 ausgestorben ist. Es gibt aber auch ein Gerücht, dass der vermutlich letzte Dodo von einem spanischen Seefahrer im Jahr 1681 erschlagen worden sei. Der Dodo war etwa einen Meter groß und flugunfähig. Er lebte auf den Inseln Mauritius und Réunion im Indischen Ozean. Der Dodo ernährte sich von vergorenen Früchten und nistete auf dem Boden.

Bedrohte Völker

Nicht nur Tiere, sondern tragischerweise auch Menschen beziehungsweise einzelne Bevölkerungsgruppen, Stämme und Ureinwohner sind vom Aussterben bedroht.

Die Aborigines besiedeln bereits seit rund 40 000 bis 50 000 Jahren als Ureinwohner Australien. Sie sind dunkelhäutig, das zumeist wellige Haar ist schwarz oder braun. Im 19. Jahrhundert bemühte sich unter anderem auch die christliche Kirche, die Kultur der Aborigines zu zerstören, indem man die Kinder unter Zwang aus den Familien riss und in den Missionen unterbrachte oder Weißen zur Adoption anbot. Nachdem während der Wende zum 19. Jahrhundert rund vier Fünftel der Aborigines durch eingeschleppte Krankheiten und gewalttätige Auseinandersetzungen mit den Siedlern starben, liegt die heutige Zahl der australischen Ureinwohner ungefähr bei 464 000. Allerdings haben die meisten von ihnen ihre ursprüngliche Kultur aufgegeben und sich den Gepflogenheiten der einstigen Kolonialmacht Großbritannien angepasst.

Im Amazonasgebiet an der brasilianisch-venezolanischen Grenze leben in einem geschützten Regenwald-Reservat die Yanomami-Indianer. In den 70er- und 80er-Jahren starb der Großteil der kleinwüchsigen und zumeist bartlosen Ureinwohner an diversen Krankheiten, die von Arbeitern und Goldsuchern eingeschleppt wurden. Die damalige brasilianische Militärregierung ließ eine Bundesstraße durch das Yanomami-Territorium bauen, auf der auch die Krankheiten in das Gebiet eingeschleppt wurden. Nicht wenige der Yanomami starben auch durch Schusswaffen. Innerhalb von nur sieben Jahren wurde ihre Population um ein gutes Fünftel dezimiert. Heute leben noch etwa 15 000 Yanomami in Venezuela und um die 9000 in Brasilien.

Die Bezeichnung Pygmäen ist eigentlich ein Sammelbegriff für eine Vielzahl extrem kleinwüchsiger Völker in Zentralafrika. Bei den etwa 150 000 bis 200 000 Pygmäen, die im Regenwald leben, handelt es sich um Sammler und Jäger, deren Zahl stark rückläufig ist. Sie lassen sich in vier verschiedene Gruppen unterteilen. Die männlichen Pygmäen erreichen eine maximale Körpergröße von 1,43 bis 1,56 Meter. Die Frauen sind mit 1,35 bis 1,44 Metern etwas kleiner. Bedroht sind sie vor allem durch die fortschreitende Umgestaltung und Zerstörung der Regenwälder, ihrem traditionellen Lebensraum.

Sich selbst bezeichnet das Volk der San als »!Kung«. Mit einer Körpergröße zwischen 1,40 und 1,60 Meter sind sie relativ kleinwüchsig. Als einzige Bevölkerungsgruppe weltweit haben die San keine Ohrläppchen. Beheimatet im südlichen Afrika, leben die Jäger und Sammler in Gruppen von 40 bis 200 Individuen zusammen. Von ihnen gibt es noch etwa 100 000.

Die Aleuten sind die Urbewohner der gleichnamigen Inselgruppe, die vor der amerikanischen Nordwestküste liegt. Von Alaska kommend, begannen sibirische Nomaden vor rund 4000 Jahren, die Inseln in mehreren Wellen zu besiedeln. Die Sprache der Aleuten ähnelt der der Inuits sehr stark. Bei der letzten Zählung im Jahre 1985 lebten 6369 von ihnen auf Pribilof Island mitten in der Beringsee und in der Bristol Bay, Alaska.

Die Mandan sind eines von mehreren Hundert Indianervölkern Nordamerikas. Aufgrund ihrer Gruppengröße zählen sie heute im weltweiten Vergleich zu den kleinsten Stämmen der Erde. Sehr viele Mandan starben während einer Pockenepidemie. 1738 waren sie mit etwa 15 000 noch relativ zahlreich vertreten, knapp 100 Jahre später lebten nur noch etwa 100 bis 150 von ihnen. Ein Großteil der verbleibenden Mandan schloss sich den Hidatsa-Indianern an. Am 6. Januar 1975 verstarb die letzte Mandan-Frau.

Die Chanten sind ein finno-ugrisch sprechendes indigenes Volk, das halbnomadisch im Westen Sibiriens lebt. Sie sind sehr eng mit den Ungarn verwandt und entsprechen demnach weitestgehend dem europäischen Menschentyp, auch wenn ein mongolischer Einschlag erkennbar ist. Heute sind die Chanten massiv in ihrer Existenz bedroht, da die russische Öl- und Gasförderung vielfältige Auswirkungen auf ihre Lebensweise hat. Von ihnen gibt es heute noch etwa 28 700.

Die Jarawa leben in den Regenwäldern auf der zu Indien gehörenden Inselgruppe der Andamanen. Die kleinwüchsigen, kraushaarigen und extrem dunkelhäutigen Ureinwohner zählen zu den bedrohtesten Völkern der Erde. So soll es schätzungsweise nur noch knapp 300 Jarawa geben. Gefährdet sind sie durch Zuwanderung, wodurch sich immer wieder gesundheitliche Probleme einstellen. So kam es 1999 und 2006 zu Masernepidemien unter den Jarawa, denen viele von ihnen zum Opfer fielen.

Die Wintun sind ein in Nordkalifornien beheimatetes Indianervolk. Anders als vielen nordamerikanischen Indianerstämmen wurde ihnen kein Reservat zugeteilt, in dem sie ihre eigene Kultur von äußeren Einflüssen ungestört ausleben können. Einst erstreckte sich ihr Territorium von der San Francisco Bay bis hin zum Lake Shasta und von der Westseite des Sacramento River bis hin zur Meeresküste. Etwa 1500 leben heute in der Gegend von Redding, Kalifornien.

Die Penan sind auf der Insel Borneo beheimatet. Heutzutage gibt es noch etwa 10 000, die jedoch nur noch zu einem sehr geringen Teil ihre ursprüngliche Lebensweise pflegen und als Sammler und Jäger durch die Regenwälder ziehen. Bedroht sind sie durch die massive Abholzung des Regenwaldes, der ihren natürlichen Lebensraum darstellt.

Gift in unserem Essen

Als Kunde bleibt einem eigentlich nichts anderes übrig, als den Herstellern von Lebensmitteln zu vertrauen. Denn man erfährt beim Kauf nicht, was den Tieren gefüttert und was dem Fleisch anschließend noch zugefügt wurde. Ähnlich verhält es sich bei Obst und Gemüse: Womit wurde es behandelt? Einige Angaben müssen gemacht werden, aber die wirklich schrecklichen Inhaltsstoffe bleiben uns verborgen.

Bisphenol A dient als Zusatzstoff für eine Reihe von Kunststoffen wie zum Beispiel Plastikflaschen, Innenbeschichtungen von Konservendosen, Getränkebehälter und Wasserkocher. Es kann freigesetzt werden beziehungsweise in den Inhalt gelangen, wenn die Behälter überdurchschnittlich lang gebraucht oder extremen Bedingungen wie großer Hitze oder Säure ausgesetzt werden. Kochendes Wasser beispielsweise erhöht die Freisetzungsrate von Bisphenol A auf das 55-Fache. Eine Reihe von Wissenschaftlern sieht einen engen Zusammenhang zwischen dem Stoff und Unfruchtbarkeit bei Männern sowie einer verfrüht einsetzenden Pubertät bei Mädchen und Verhaltensauffälligkeiten bei Kindern.

Dioxin ist ein langlebiges Umweltgift, das fast gar nicht abgebaut werden kann. Dioxin wird und wurde nie im technischen Sinne extra produziert. Es entsteht unerwünscht bei allen Verbrennungsprozessen in Anwesenheit von Chlor und organischem Kohlenstoff, aber auch nur unter bestimmten Bedingungen, z. B. bei einer Temperatur von 300 Grad Celsius. Es reichert sich in der Nahrungskette kontinuierlich an und gelangt über tierische Nahrungsmittel wie Fleisch, Fisch, Eier und Milchprodukte in den Menschen. Aufgenommene Dioxine werden an Fette gebunden und in den Fettdepots sowie der Leber gespeichert. Dort sind sie inaktiv und werden erst mit dem Abbau der Fettdepots wieder freigesetzt. Dann können sie Leberschäden sowie Schilddrüsenstörungen, Diabetes, Immunschwäche und Krebs verursachen.

Acrylamid gilt als krebserregende und erbgutverändernde Substanz, die die Fortpflanzung gefährdet. Es entsteht beim Braten, Backen, Grillen und Frittieren von vor allem Kartoffeln, das heißt bei der Herstellung von Pommes frites, Chips, Bratkartoffeln usw. Bei etwa 175 Grad Celsius reagiert die Aminosäure Asparagin mit Zucker und bildet Acrylamid. Natürlich sind auch andere Lebensmittel betroffen, z. B. Brot, Kaffee oder Fleisch.

Nitrate kommen in der Landwirtschaft als Stickstoffdünger zum Einsatz, damit die Pflanzen schneller wachsen. Sie werden in den Pflanzenzellen gespeichert. Nitrate selbst gelten als unschädlich, allerdings bilden sie den Ausgangsstoff für Nitrit, das durch Bakterien entsteht. Und Nitrit ist gefährlich, denn es kann Hämoglobin zu Methämoglobin oxidieren. Das heißt, Sauerstoff kann im Blut nicht mehr gebunden werden. Säuglinge sind besonders bedroht, da sie anders als Erwachsene diesen Prozess nicht umkehren können. Es besteht für sie die Gefahr der Erstickung von innen.

Benzpyren ist ein polyzyklischer aromatischer Kohlenwasserstoff, der bei unvollständiger Verbrennung von organischen Stoffen entsteht. Nachweisbar ist es zum Beispiel im Zigarettenrauch. Es ist schon lange bekannt, dass die Substanz krebserregend ist. Sie gilt als der »wahre« Verursacher von Lungenkrebs bei Rauchern.

Eine große Zahl der Schimmelpilze produziert Gifte, die gesundheitsschädlich sind. Auf sie geht auch das Auftreten von allergischen Reaktionen zurück. Ihr Verzehr kann sogar tödlich sein. Aspergillus niger ist ein weitverbreiteter Vertreter dieser Gattung. Er und andere kommen unter anderem im Boden oder in Blumenerde vor. Werden ihre Sporen in hoher Konzentration auf Nahrungsmittel übertragen, kann dies zu ernsthaften Gesundheitsproblemen führen.

Blei, Quecksilber, Kadmium und Arsen sind Schwermetalle, die über Luft und Wasser von Pflanzen und Tieren aufgenommen werden und so in die Nahrung gelangen. Blei etwa schädigt das menschliche Nervensystem und beeinträchtigt die Blutbildung. Kartoffeln, Obst und Gemüse können belastet sein, ebenso wild wachsende Pilze. Trinkwasser aus alten Bleiwasserrohren weist auch hohe Konzentrationen auf. Arsen hingegen ist ein besonders starkes Gift, das zum Beispiel durch Wasser aufgenommen wird. Es verursacht Haut- und Lungenkrebs. Akute Symptome sind Beschwerden des Herz-Kreislauf-Systems, des Nervensystems und des Magen-Darm-Trakts.

Pestizide werden weltweit zur Schädlingsbekämpfung eingesetzt. Fast alles, was in der Landwirtschaft angebaut wird, wird damit behandelt. Bei Pestiziden handelt es sich um Chemikalien, die eine Palette von etwa 800 verschiedenen Wirkstoffen umfassen. Die Gifte gelangen über die Verfütterung von behandelten Pflanzen an Kühe und Schweine auf unseren Esstisch. Die Rückstände tauchen aber nicht nur im Fleisch auf, sondern auch in der Milch und in Eiern. So enden die Giftstoffe im Menschen. Neben akuten Vergiftungen wurden vermehrt gesundheitliche Langzeitfolgen beobachtet wie etwa Unfruchtbarkeit, Beeinträchtigung des Immunsystems oder Krebserkrankungen.

Kühen und Schweinen werden Medikamente nicht nur dann verabreicht, wenn sie krank sind. Zum Einsatz kommen Arzneien auch, um die Erträge zu steigern. So werden etwa Anabolika ins Futter gemischt, die eine größere Fleischmenge gewährleisten sollen. Diese reichern sich allerdings in den Organen wie Leber und Nieren sowie im Fettgewebe der Tiere an und werden so an den Menschen weitergegeben. Bei regelmäßiger Verabreichung von Antibiotika besteht die Gefahr der Resistenzentwicklung für Mensch und Tier.

Neben diesen Inhaltsstoffen, die ja mehr oder weniger versehentlich in unserem Essen landen, gibt es noch einige andere, die ihm in voller Absicht zugefügt werden. Und so manche dieser geprüften und zugelassenen Zusatzstoffe können schreckliche Folgen haben. Also, immer schön das Kleingedruckte lesen …

E 102 beziehungsweise Tartrazin ist in Gebäck und Schmelzkäse zu finden und verleiht ihnen eine gelbliche Farbe. Es kann zu Atemschwierigkeiten und Hautausschlag führen.

E 104 beziehungsweise Chinolingelb lässt Lebensmittel ebenfalls knackig gelb erscheinen. In den USA ist dieser Zusatz verboten, denn er steht unter Verdacht, Krebs auszulösen. Bei uns ist er nach wie vor erlaubt.

E 129 oder Allurarot AC ist ein roter Farbstoff, der zum Beispiel in Parfüm genauso vorkommt wie in Süßspeisen. Für Menschen mit Asthma oder Neurodermitis ist sein Verzehr bedenklich.

E 160A beziehungsweise Carotine sowie Betacarotin werden sehr vielen Produkten als Lebensmittelfarbe hinzugefügt, unter anderem Limonade, Butter und Margarine. Sie erhöhen das Risiko für Darm- und Prostataerkrankungen.

E 210 beziehungsweise Benzoesäure konserviert überwiegend Fleisch- und Salatprodukte. Zusammen mit E 300 (Ascorbinsäure) kann krebserregendes Benzol entstehen.

E 220 oder Schwefeldioxid findet man in Chips, getrockneten Tomaten, Wein, gesalzenem Trockenfisch und in Trockenobst. Nicht alle Menschen können diesen Stoff abbauen. Bei den Betroffenen kommt es zu Übelkeit und Erbrechen, wenn sie Lebensmittel mit E 220 verzehren.

E 233 beziehungsweise Thiabendazol findet man auf der Schale von Früchten. Dabei handelt es sich um ein synthetisch hergestelltes Fungizid. Hautausschlag, Übelkeit und Erbrechen sind die üblichen körperlichen Reaktionen darauf.

E 235 beziehungsweise Natamycin wirkt wie ein Antibiotikum. Käserinde oder Wurstpelle kann diesen Zusatz enthalten. Dieser Stoff ist auch als Arzneimittel zugelassen. Bei zu häufiger Einnahme kann gegen bestimmte Keime eine Resistenz entwickelt werden und auch Migräne ist nicht selten.

E 250 steht für Natriumnitrit und ist für Säuglinge lebensgefährlich. Aber auch bei Erwachsenen beeinträchtigt es den Sauerstofftransport im Blut. Zu finden ist dieser Zusatz als Konservierungsstoff in Wurst, Speck und gepökeltem Fleisch.

E 280 beziehungsweise Propinsäure dient zur Haltbarmachung von Keksen, Kuchen und abgepacktem Schnittbrot. Bedenken löste dieser Zusatz aus, nachdem sich der Magen von Tieren in Versuchen krebsähnlich verändert hat.

E 319 beziehungsweise Tertiär-Butylhydrochinon wirkt antioxidierend, ist aber bei Hautkontakt allergieauslösend.

Zu finden ist E 319 in Schmalz, Fischöl, Lippenstiften, Haarfarben sowie Arzneimitteln.

E 320 beziehungsweise Butylhydroxyanisol ist in Bratfett, Kaugummi, Fertigsuppen und Instant-Kartoffelprodukten enthalten. Es hat die Eigenschaft eines Antioxidationsmittels, das durch Sauerstoff hervorgerufene Veränderungen bei Fetten, Aromen und Farben eindämmen soll. Es kann Benommenheit und Allergien auslösen.

E 330 ist die Zitronensäure, die als Säuerungsmittel und Antioxidationsmittel für Getränke und Brause dient. Eigentlich ist sie nicht schädlich für den Menschen. Nur wenn Zitronensäure in hohem Maße zusammen mit Zucker genossen wird, sieht es für die Zähne schlecht aus. Es bildet sich dann Karies.

E 338 beziehungsweise Phosphorsäure ist ein Säuerungs- und Antioxidationsmittel. Es kann zu Knochenschwund führen und somit Brüche begünstigen. Zu finden ist dieser Zusatz in Kartoffelprodukten, Backwaren, Cola, Sahne und Soßenpulver.

E 385 oder auch Calciumdinatrium-EDTA kann den Stoffwechsel beeinträchtigen und ist für Kinder unter zwei Jahren nicht geeignet. E 385 ist in Dosen- und Glaskonserven zu finden, da es antioxidierend wirkt.

E 400 beziehungsweise Alginat ist in sehr vielen Lebensmitteln zu finden. Es dient als Verdickungs-, Gelier-, und Überzugsmittel. Es wirkt abführend und kann dadurch zur Unterversorgung mit lebenswichtigen Mineralien führen.

E 407 beziehungsweise Carrageen wurde im Tierversuch Geschwürbildungen und Veränderungen des Immunsystems nachgewiesen. Man nimmt an, dass Carrageen die Aufnahme von Mineralien wie Kalium behindert. Es wird in Lebensmitteln als Gelier- und Verdickungsmittel genutzt.

E 420 beziehungsweise Sorbit ist ein Zuckerersatz und demnach in Süßspeisen, Marmelade, Gebäck und Marzipan zu finden. Nimmt man mehr als 20 Gramm am Tag zu sich, kann es zu Durchfall und Krämpfen kommen.

E 425 alias Konjak wird als Vedickungs- und Geliermittel eingesetzt, aber auch als Süßstoff. Es behindert die Aufnahme wichtiger Nährstoffe im Körper. Es ist vor allem in Glasnudeln und anderen fernöstlichen Spezialitäten zu finden.

E 426 beziehungsweise Sojabohnen-Polyose ist in Soßen, Back- und Süßwaren sowie Milchgetränken enthalten und stabilisiert die Eiweißpartikel, damit diese nicht verkleben. Bedenklich ist es besonders für Soja-Allergiker.

E 432 beziehungsweise Polysorbat 20 dient als Emulgator und ist in Backwaren, Speiseeis, Suppen und Diätprodukten zu finden. Wie andere Stoffe auch kann es allergische Reaktionen auslösen.

E 442 steht für Ammoniumsalze von Phosphatidsäuren. Es wird als Emulgator und Stabilisator in Kakao- und Schokoladenprodukten eingesetzt. Dadurch kann es zu Störungen im Magen-Darm-Trakt kommen.

E 520 beziehungsweise Aluminiumsulfat wird für kandiertes und glasiertes Obst und Gemüse verwendet. Nierenkranke können es jedoch im Körper anreichern. Es gilt zudem als Alzheimer-Verursacher.

E 554 oder Natriumaluminiumsilicat verhindert das Zusammenkleben von Lebensmitteln und ist in Salz, Schmelzkäsescheiben und Süßwaren enthalten. Bei Nierenkranken kann es zur Anreicherung von Aluminium im Körper führen.

E 620 beziehungsweise Glutaminsäure ist ein Geschmacksverstärker, der vor allem in asiatischen Gerichten und Sojasoßen zu finden ist. Dieser Zusatz kann Kopfschmerzen und ein Taubheitsgefühl in Nacken, Rücken und Armen verursachen.

E 627 alias Dinatriumguanylat ist ebenfalls ein Geschmacksverstärker und ist in vielen Fertiggerichten und Würzmitteln zu finden. Beängstigend ist, dass dieser Zusatz bei Gichtkranken akute Schübe auslösen kann.

E 951 steht für Aspartam. Es süßt 200-mal stärker als Zucker und findet in kalorienreduzierten Lebensmitteln seine Anwendung. Es kann jedoch auch Übergewicht fördern. Seine Gefährlichkeit ist unter den Forschern noch umstritten, einige behaupten aber, dass es Epilepsie und Krebs fördert.

E 952 beziehungsweise Cyclamat ist auch ein Zuckeraustauschstoff. Dieser Zusatz süßt »nur« 30- bis 50-mal stärker als Zucker und ist vor allem in Light-Getränken zu finden. Im Tierversuch führte er zu Blasenkrebs und verminderter Fruchtbarkeit.

E 999 beziehungsweise Quillaja-Extrakt stabilisiert die Schaumbildung in Getränken und gilt bis zu einer Menge von 5 Milligramm pro Kilogramm Körpergewicht als unbedenklich. Bereits mit 1,75 Liter Ginger Ale wird dieser Wert bei einem 75 Kilogramm schweren Erwachsenen erreicht. Quillaja-Extrakt enthält Saponine, die giftig sind, wenn sie in die Blutbahn gelangen. Daher war die Verwendung von E 999 in Deutschland lange Zeit verboten, bis das Mittel im Zuge der EU-weiten Vereinheitlichung zugelassen wurde.

E 1452 oder auch Stärkealuminiumocentylsuccinat verhindert das Verklumpen von Pulvern. Es ist in Instantsuppen und Entwöhnungsnahrung für Kleinkinder enthalten. Auch dieser Stoff enthält, wie der Name schon sagt, Aluminium und ist für Nierenkranke bedenklich.

E 1519 steht für Benzylalkohol und dient als Trägerstoff für Aromen. Dieser Zusatz kann Allergien auslösen und ist in Likören und Cocktails, aber auch in Backwaren zu finden.

Das Wetter und die Erde

Das Wetter ist ja jeden Tag Thema. Doch wenn wir uns das nächste Mal ärgern, dass es regnet, zu kalt ist oder zu heiß, können wir uns damit trösten, dass die Launen der Natur noch viel, viel schrecklicher und vor allem gefährlich sein können.

Der Erdball wird durchschnittlich von 100 Blitzen pro Sekunde getroffen.

Von 1959 bis 2003 wurden fast 4000 Amerikaner durch einen Blitz getötet.

Die Temperatur in einem Blitz erreicht etwa 30 000 Grad Celsius, was in etwa fünfmal so heiß ist wie die der Sonnenoberfläche.

Dänemark wird jedes Jahr von ca. 40 000 bis 1 000 000 Blitzen getroffen. Das ist Weltrekord.

In den letzten 15 Jahren gab es in Indonesien zahlreiche Lauffeuer. Das Einatmen neben einer dieser Brandstellen ist gleichbedeutend mit dem Rauchen von acht Päckchen Zigaretten an einem Tag.

Mehr als 10 000 Kilometer können Tsunamiwellen zurücklegen, ohne an Kraft einzubüßen. Das erklärt den großen Radius ihrer Wucht, sodass häufig Stunden später noch Küstenregionen betroffen sind, die Tausende Kilometer vom Ort des Seebebens entfernt liegen. Da die Wellen zuweilen eine Geschwindigkeit von bis zu 1000 Kilometer pro Stunde erreichen, wäre innerhalb eines Tages jeder Ort entlang der Pazifikküste davon betroffen.

Im Sommer 2003 lagen in Karlsruhe die Temperaturen an 16 Tagen über 36 Grad Celsius. Etwa 30 000 Menschen starben in dieser Zeit in Europa wegen der großen Hitze. In Frankreich starben nach Schätzungen in dieser Zeit mehr als 11 000 Menschen an den Folgen der hohen Temperaturen. Die Leichenhallen von Paris konnten die vielen Toten nicht mehr aufnehmen, daher wurden Kühlwagen und Markthallen zweckentfremdet. Da die Behörden zunächst das Problem vernachlässigten, kam es zu einer Regierungskrise. Der Chef der Pariser Gesundheitsbehörde trat daraufhin zurück.

Hitze steigert die Lust auf Rache, was eine Studie von Richard Larrick belegt. Dafür analysierte er über 57 000 Spiele der US-Baseballliga MLB. Richard Larrick konzentrierte sich darauf, wie oft es in den gespielten Partien zu sogenannten Beanballs kam. Damit sind Situationen gemeint, in denen der Werfer den Baseball absichtlich auf den Kopf des gegnerischen Spielers zielt. Meistens geschieht dies aus Rache oder eben purer Wut. Und das Ergebnis: Lagen die Außentemperaturen bei etwa 10 Grad, lag die Wahrscheinlichkeit eines Beanballs bei 22 Prozent. Zeigte das Thermometer 30 Grad und mehr, stieg diese Zahl auf 27 Prozent und mehr.

Jedes Jahr schlagen etwa 500 Meteoriten auf der Erde ein. Der Mensch blieb davon bislang unversehrt.

Durch die Wechselwirkungen zwischen Erde und Mond entfernt sich der Mond jedes Jahr um etwa 3,8 Zentimeter von der Erde. Dadurch werden die Tage auf der Erde allmählich immer länger. Das heißt, der Mond wird sich genau in dem Moment nicht mehr weiter von der Erde entfernen, in dem die Erde für eine Umdrehung um die eigene Achse exakt so lange benötigt wie der Mond für eine Umdrehung um die Erde. Man schätzt, dass zu diesem Zeitpunkt ein Tag knapp 50 heutigen Tagen entsprechen wird. Dies wird aber noch Milliarden Jahre dauern. Viel größere Gefahr könnte allerdings von der Sonne ausgehen: Diese soll sich angeblich schon in wenigen Milliarden Jahren zum Roten Riesen aufblähen und dabei die Erde vermutlich verschlingen.

Der Stern Eta Carinae wird in Millionen von Jahren in einer Supernova enden. Er liegt in einer Entfernung von etwa 7000 bis 10 000 Lichtjahren von der Erde entfernt.

Unsere Milchstraße hat mit der Andromedagalaxie einen furchterregenden Nachbarn, nämlich einen kosmischen Kannibalen. Beide liegen mit einer Geschwindigkeit von 120 Kilometern pro Sekunde auf Kollisionskurs. Zum Glück sind sie noch so weit voneinander entfernt, dass das galaktische Aufeinandertreffen Milliarden Jahre in der Zukunft liegt.

Die Sonne wird immer heißer. Innerhalb der nächsten 11,7 bis 12,3 Milliarden Jahre wird ihre Leuchtkraft dramatisch angestiegen sein. In der Endphase dieser Entwicklung wird zudem der Radius der Sonne etwa der Umlaufbahn der Venus entsprechen. Das heißt, von der Erde aus gesehen wird die Sonne einen großen Teil des Himmels einnehmen. Die Erdoberfläche wird dann ein einziger Ozean aus Lava sein.

Der Meeresspiegel wird bis 2100 im Vergleich zu jetzt um 0,9 bis 1,6 Meter ansteigen. Weltweit wird das 150 Millionen Menschen ernsthafte Probleme bereiten. Ihr Lebensraum liegt nämlich unterhalb des Meeresspiegels.

Der bisherige Hitzerekord liegt bei 58 Grad Celsius. Gemessen wurde er am 13. September 1922 in der Ortschaft Al-'Azīziyah in Libyen.

Die bislang erfasste Tiefsttemperatur liegt bei minus 89,2 Grad Celsius, gemessen am 21. Juli 1983 in der Wostok-Station in der Antarktis.

Die Arktis könnte schon im Sommer 2030 komplett eisfrei sein. Wenn der Eissockel komplett schmelzen sollte, könnte der Wasserspiegel weltweit um fast 7 Meter steigen. Das wird zu massiven Überschwemmungen und dem Untergang einiger Inseln führen.

Was alles kreucht und fleucht

Gibt es etwas Schlimmeres, als einen Kammerjäger holen zu müssen? Leider haben wir keine andere Wahl, wenn lästiges Ungeziefer unsere Wohnungen und Häuser bevölkert ...

Der Holzwurm ist ein ungeliebter Gast und wird meist schon mit dem Erwerb von beispielsweise Möbeln oder der Verwendung von Bodenbelägen etc. aus Holz ins Haus getragen. Weist das Material eine Feuchtigkeit von mehr als 11 Prozent auf, ist die Gefahr, dass es befallen wird, am größten.

Der Speckkäfer frisst Löcher in Fell oder Tierhaut. Beliebte Leckerbissen sind vor allem Leder und Textilien, aber auch tote Insektenreste und Lebensmittel werden nicht verschmäht. Speckkäfer können fliegen und gelangen so oder über Vogelnester beispielsweise auf dem Dachboden ins Haus.

Kakerlaken sind unverwüstlich. Studien haben bestätigt, dass sich auf dem Bikiniatoll selbst nach den verheerenden Atomtests Kakerlaken bester Gesundheit erfreuten.

Die Hauptnahrungsquellen von Silberfischchen sind Kleister, Bucheinbände, Hautschuppen, Haare und Schmutz. Kalte und vor allem trockene Raumluft verhindert, dass sie sich vermehren. Üblicherweise finden Silberfischchen ihren Zugang ins Haus über Abflussrohre und Ritzen.

Spinnen sind einfach überall in Haus und Wohnung zu finden. In Ritzen, Zimmerecken oder dunklen Nischen kann man sie antreffen. Eigentlich sind sie ganz friedlich, wenn nicht die lästigen Netze wären ...

Mücken können einem den ganzen Sommer verderben, denn die summenden Blutsauger sind dann eine wahre Plage. Wenn die Stiche nicht so entsetzlich jucken würden und das Summen nicht wäre, wäre es nur halb so wild.

Die Kleidermotte ist ein Schmetterling (Nachtfalter) aus der Familie der echten Motten. Sie fällt negativ auf, da sie unsere Lieblingskleidung annagt und überall kleine Löcher hinterlässt.

Auch die Lebensmittelmotte zählt zu den Kleinschmetterlingen. Ihr Auftreten ist jedoch nicht auf mangelnde Hygiene zurückzuführen. Selbst mit gerade erst gekauften Lebensmitteln kann sie in Häuser und Wohnungen eindringen. Es sind nämlich ihre Eier, die sich auch in gut verschlossenen Verpackungen befinden.

Die Familie der Wanzen ist riesig: Ob grün, schwarz, ocker oder rot mit Punkten oder Streifen – von ihnen gibt es 40 000 weltweit bekannte Arten, davon 1000 allein in Europa. Schädlich sind sie in erster Linie nur für Pflanzen in Haus und Garten.

Ameisen sind wohl die bekanntesten Ungeziefer in Haus und Wohnung. Krabbelnd, kletternd und in großen Scharen überwinden sie sämtliche Barrieren, die ihnen im Weg stehen. Sie bilden ganze Straßenzüge, verschwinden in den kleinsten Ritzen und sind fast nicht wegzukriegen.

Schreckliche Orte

Manche Orte möchte man nicht besuchen, weil sie einfach hässlich sind. Daneben gibt es Plätze auf unserer Welt, denen man fernbleiben sollte, da sie einfach schrecklich gefährlich sind.

Die Giftgärten von Alnwick in Nordengland sind umzäunt von großen schwarzen Gittern. Totenköpfe und mehrere Hinweisschilder warnen vor den tödlichen Pflanzen, die dort wachsen. Eine der giftigsten ist die Tollkirsche, deren Beeren schon in geringen Mengen innerhalb von 14 Stunden zum Tod führen.

Auf der japanischen Inselgruppe Izu Islands gehört eine Gasmaske zur Standardausrüstung der Bewohner. Vulkane gibt es dort nämlich haufenweise. Und die sorgen neben permanentem Schwefelgestank auch für den Ausstoß des giftigen Gases Schwefeldioxid.

Das »Tor zur Hölle« befindet sich in Turkmenistan. Es wurde 1971 eher zufällig von Geologen »geöffnet«. Aufgrund eines Arbeitsunfalls stießen sie auf eine unterirdische Höhle, aus der Gas an die Erdoberfläche steigt. Da sie davon ausgingen, es könnte möglicherweise giftig sein, zündeten die Forscher das Gas an. Sie hofften, es würde nach einigen Tagen von selbst ausgehen. Nun brennt es schon seit 35 Jahren.

Ein nicht löschbares Feuer brennt unterhalb von Centralia, einer Stadt im US-Bundesstaat Pennsylvania. Die Luft dort stinkt nach Schwefel und an allen Ecken steigt weißer Qualm auf. Der Boden ist heiß und staubig. Ursache dafür ist ein kleines Feuer, das 1962 auf einer Mülldeponie in der Nähe von Centralia entflammte und sich in einen Kohlestollen gefressen hat. Dieser reicht bis in die Stadt, brennt nach wie vor und kann nicht gelöscht werden.

Der sogenannte Great Pacific Garbage Patch ist ein riesiger Müllstrudel, der zwischen Nordamerika und Asien rotiert. Schätzungen zufolge ist er viermal so groß wie Deutschland. Anfang 2008 zirkulierten dort etwa 100 Millionen Tonnen Kunststoffmüll, inzwischen werden es mehr sein.

Asbest ist ein hochgefährlicher Baustoff, der Krebs und andere unheilbare Krankheiten auslösen kann. Und obwohl auch in Kanada niemand in einem asbestverseuchten Haus leben möchte, ist in Quebec eine Asbestmine immer noch in Betrieb. Seit 2005 gibt es ein EU-weites Verbot für Asbest. Seit 1993 ist in Deutschland die Herstellung und Verwendung von Asbest generell verboten.

Ramree Island ist ein riesiges Sumpfland in Burma, wo Tausende Krokodile leben. Im Zweiten Weltkrieg ereignete sich dort eines der schrecklichsten Massaker, das auf Tiere zurückgeht. Britische und indische Kolonialtruppen kreisten die japanischen Verteidiger der Insel von Osten hoffnungslos ein. Ihnen blieb nur der Kampf oder der Weg durch die Sümpfe. Also flüchteten etwa 1000 Soldaten in die Sümpfe von Ramree Island. Von ihnen überlebten nur etwa 20.

Die Sperrzone rund um das Kernkraftwerk von Tschernobyl hat einen Durchmesser von ungefähr 10 Kilometern. Obwohl die Luft in diesem Gebiet noch immer stark radioaktiv verseucht ist, begeben sich Touristen immer wieder dorthin und setzen sich der Gefahr aus.

Vor der Küste Brasiliens liegt Snake Island, die sogenannte Schlangeninsel. Es gibt dort nur eine Schlangenart, wobei sie zu den giftigsten weltweit zählt. Sie heißt Golden Lancehead und wird bis zu einem halben Meter lang. Ihr Gift wirkt rasend schnell. 90 Prozent der Todesfälle durch Schlangenbiss gehen in Brasilien auf ihr Konto.

Und manche Orte sind einfach furchtbar giftig:

Wieder Tschernobyl, Ukraine. Es verwundert nicht, dass dieser Ort zu den am stärksten verschmutzten der Welt gehört. 20 Jahre nach dem GAU verseuchen noch immer

Uran, Plutonium, radioaktives Jod, Caesium-137 und Strontium die Umgebung rund um das Kernkraftwerk.

Dserschinsk, Russland. Senfgas, Blausäure, Phosgen, Dioxine, Arsentrioxid – das sind nur fünf von 190 Chemikalien, die das Grundwasser der Stadt verseuchen. Dserschinsk war während des Kalten Krieges die Hauptproduktionsstätte für chemische Waffen.

Bajos de Haina, Dominikanische Republik. Blei hat diese Hafenstadt verseucht – und deren Bevölkerung gleich mit. Die Menschen dort haben fünfmal so viel Schwermetall im Blut wie ein gesunder Mensch. Eine stillgelegte Fabrik, in der Autobatterien hergestellt oder recycelt wurden, hat das ganze Gebiet mit Blei verseucht.

Kabwe, Republik Sambia. Als dort vor gut 100 Jahren reichhaltige Bleivorkommen entdeckt wurden, schien das zunächst ein Segen zu sein. Doch mittlerweile leiden auch die Menschen in Kabwe an Bleivergiftung.

La Oroya, Peru. In der Andenstadt hat nahezu jedes Kind zu viel Blei im Blut, denn auch dort wird der Grenzwert um ein Vielfaches überschritten.

Linfen, China. Arsen, Blei, Kohlenmonoxid, Stickoxide und flüchtige organische Verbindungen sind nur einige der Substanzen, die den Boden dort verseuchen, die Luft verpesten und das Trinkwasser ungenießbar machen.

Mailuu-Suu, Kirgisien. Dort wurde jahrelang Uranerz abgebaut. Zeuge dessen sind Dutzende Abraumhalden und radioaktiver Müll. Die Stadt ist so schmutzig wie kaum eine andere auf der Welt.

Norilsk, Russland. Aus einem Lager für Zwangsarbeiter ist ein Industriekomplex hervorgegangen, in dem heute Unmengen von Schwermetallen verarbeitet werden. Die Menschen in Norilsk sind somit hoch vergiftet. Der Ort wird zudem gegenüber der Außenwelt abgeschottet.

Ranipet, Indien. Eine Fabrik, die ihren Abfall ungeschützt in der Landschaft lagerte, hat eine ganze Stadt vergiftet. Die Fabrik, welche Chemikalien für das Gerben von Leder herstellte, hat ihre Industrieabfälle 3 bis 5 Meter hoch gestapelt und auf einer Fläche von 2 Hektar gelagert. Die Anlage ist längst geschlossen, doch die alten Chemikalien machen die Bevölkerung der näheren Umgebung immer noch krank.

Dalnegorsk und Rudnaya Pristan, Russland. Mehr als sieben Jahrzehnte Bleiproduktion haben die beiden Städte im Osten Russlands verseucht. Hier werden bis heute 58 Prozent des russischen Bleibedarfs gefördert. Im Blut ihrer Einwohner finden Ärzte massiv überhöhte Konzentrationen des Schwermetalls.

Finger weg von den Drogen!

Drogen können auf unterschiedliche Art und Weise schaden. Und auch der Grad der jeweiligen Schädigung kann bei den verschiedenen Substanzen durchaus anders ausfallen. Folgende Klassifizierung gibt es:

1. *der physische Schaden für den Konsumenten,*
2. *das potenzielle Ausmaß der Abhängigkeit von der Substanz,*
3. *der soziale Schaden, also welche Auswirkungen der Drogengebrauch auf die Familie des Betroffenen und die Gesellschaft hat.*

Für alle Substanzen haben Psychiater und unabhängige Experten jeweils 0 bis 3 Punkte vergeben.

Heroin

Physisches Schadenspotenzial: 2,78
Abhängigkeitspotenzial: 3,00
Schäden für das Umfeld: 2,54

Heroin erreicht Spitzenwerte in allen Kategorien, obwohl es keine ausgesprochen starke Schädigung des Organismus bewirkt. Nachgewiesenermaßen führt es weder zu Nieren-, Leber- oder Knochenmarkschädigungen. Allerdings beeinträchtigt sein Konsum indirekt die Gesundheit, da es zum Beispiel zu Infektionen durch nicht sterile Nadeln kommen kann. Die besondere Gefährlichkeit besteht in dem hundertprozentigen Suchtpotenzial.

Kokain

Physisches Schadenspotenzial: 2,33
Abhängigkeitspotenzial: 2,39
Schäden für das Umfeld: 2,17

Kokain unterscheidet sich nach Meinung der Wissenschaftler von Heroin nur in einem Punkt signifikant, und zwar hinsichtlich der körperlichen Abhängigkeit. Während die psychische Abhängigkeit bei beiden Substanzen – Letztere 3,0, Kokain 2,8 – fast gleich hoch bewertet wird, liegt das physische Süchtigkeitspotenzial von Kokain mit 1,3 deutlich unter dem von Heroin. Körperliche Folgeschäden sind natürlich vorprogrammiert: Das Immunsystem wird stark geschwächt und auch Leber, Herz und Nieren werden angegriffen.

Barbiturate

Physisches Schadenspotenzial: 2,23
Abhängigkeitspotenzial: 2,01
Schäden für das Umfeld: 2,00

Barbiturate waren bis zu ihrem Verbot 1992 das am weitesten verbreitete Schlafmittel in Deutschland. Nicht mehr zugelassen sind sie aufgrund einer Fülle von Nachteilen. Bei ihnen besteht die Gefahr der Überdosierung, die in einer zentralen Atemlähmung endet. Auch Fälle von Kreislaufversagen mit Niereninsuffizienz sind beschrieben worden. Körperlich wirken sich Barbiturate in Form anhaltender Schläfrigkeit, Sehstörungen, Nierenschäden und Angstzuständen aus.

Methadon

Physisches Schadenspotenzial: 1,86
Abhängigkeitspotenzial: 2,08
Schäden für das Umfeld: 1,87

Methadon ist ein synthetisch hergestelltes Opioid, das hauptsächlich zur Entzugsbehandlung von Drogenabhängigen eingesetzt wird, z. B. beim Heroinentzug. Aber auch die Einnahme dieser Substanz hat körperliche Folgen wie etwa Müdigkeit, Schlafstörungen, Benommenheit, Übelkeit, Erbrechen und Ödeme.

Alkohol

Physisches Schadenspotenzial: 1,40
Abhängigkeitspotenzial: 1,93
Schäden für das Umfeld: 2,21

Alkohol ist keine verbotene Substanz und hat dadurch den Ruf einer »harmlosen Droge«, die gesellschaftsfähig ist und toleriert wird. Übermäßiger Alkoholkonsum kann aber zu Hirn- und Leberschäden führen.

Ketamin

Physisches Schadenspotenzial: 2,00
Abhängigkeitspotenzial: 1,54
Schäden für das Umfeld: 1,69

Ketamin dient als Medikament zur Schmerz- und Asthmabehandlung sowie als Anästhetikum. Es erzeugt häufig Erbrechen, Übelkeit, Sehstörungen, Schwindel, motorische Unruhe und es erhöht den Speichelfluss. Zudem hat es negative Auswirkungen auf die Psyche. Es gibt Hinweise, dass die Substanz langfristig Nieren und Blase schädigt. Der Konsum von Ketamin verändert aber auch das Bewusstsein, sodass sich die Substanz als eine Art Partydroge großer Beliebtheit erfreut. Das Gefährliche daran ist, dass es das Gehirn irreversibel verändert, vor allem in den Bereichen, die für Gedächtnis, Lernen und Wahrnehmung verantwortlich sind.

Benzodiazepine

Physisches Schadenspotenzial: 1,63
Abhängigkeitspotenzial: 1,83
Schäden für das Umfeld: 1,65

Benzodiazepine sind Medikamente von angstlösender, muskelentspannender, sedierender und hypnotisch wirkender Eigenschaft. Nimmt man sie dauerhaft ein, so kann es nach vier bis acht Wochen zur Abhängigkeit kommen. Der Konsum von Benzodiazepinen kann nicht nur zu körperlichen und hirnorganischen Schäden führen, sondern auch psychische und soziale Probleme nach sich ziehen, wozu Wesensveränderungen, Isolation und Verwahrlosung zählen.

Amphetamine

Physisches Schadenspotenzial: 1,81
Abhängigkeitspotenzial: 1,67
Schäden für das Umfeld: 1,50

Amphetamine sind synthetische Substanzen mit stimulierendem Effekt. Sie wirken zudem euphorisierend, weshalb sie auch als Rauschmittel genutzt werden. Sie hemmen den Appetit, mobilisieren Kraftreserven und verringern das Schlafbedürfnis. Amphetamine können größere Hirnschäden verursachen. Und in den ersten Schwangerschaftsmonaten erhöht ihr Konsum die Gefahr einer Missbildung des Kindes deutlich. Bei Jugendlichen führt die Droge oft zu Wachstumsstörungen.

Tabak

Physisches Schadenspotenzial: 1,24
Abhängigkeitspotenzial: 2,21
Schäden für das Umfeld: 1,42

Der hohe Nikotingehalt des Tabaks wird dafür verantwortlich gemacht, dass man ihn als Droge einstuft. Beim Rauchen wird jedoch nicht nur Nikotin inhaliert, sondern noch 2000 bis 3000 weitere Substanzen, von denen etliche als krebserregend gelten. Das eigentliche Suchtpotenzial geht aber vom Nikotin aus, wobei es keinen Unterschied macht, ob man es über Kautabak, Schnupftabak oder Ähnliches zu sich nimmt.

Buprenorphin

Physisches Schadenspotenzial: 1,60
Abhängigkeitspotenzial: 1,64
Schäden für das Umfeld: 1,49

Dabei handelt es sich um ein starkes Schmerzmittel aus der Gruppe der Opioide. Das physische und psychische Abhängigkeitspotenzial wird mit jeweils 1,5 angegeben, was in etwa dem von Alkohol entspricht. Die Schädigung des sozialen Umfelds liegt mit 1,49 nur knapp unter dem der Amphetamine. Nebenwirkungen sind hier aber auch nicht ganz ohne, so können Schlafstörungen, Benommenheit, Schwindel, Kopfschmerzen, Sprachstörungen, Koma, Krämpfe und Koordinationsschwierigkeiten auftreten.

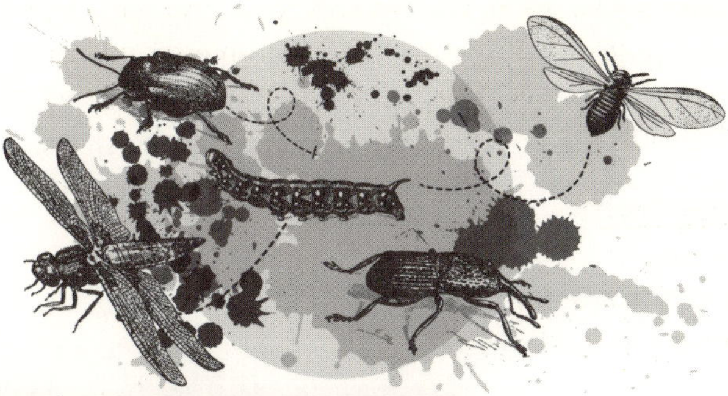

Insekten und Co.

Diese lästigen kleinen Biester! Insekten sind seit etwa 400 Millionen Jahren auf der Erde beheimatet, der Mensch allerdings erst seit knapp einer Million Jahre. Diese kleinen Tierchen hatten also genug Zeit, sich zu überlegen, wie sie uns quälen können.

Kopfläuse können ihre Farbe der Ihres Haares anpassen, sodass es schwierig ist, sie ausfindig zu machen.

Die meisten Arten von Blattläusen vermehren sich über mehrere Generationen mittels eingeschlechtlicher Fortpflanzung und brauchen somit keinen Partner und können sich ungehindert fortpflanzen. Sie verursachen großen wirtschaftlichen Schaden in Landwirtschaft und Gartenbau. Es kommt zu Ertrags- und Qualitätsverlusten bis hin zu vollständigem Ernteausfall.

Die Arbeiterin der 24-Stunden-Ameise ist 18 bis 25 Millimeter groß. Über ihren Stachel sondert sie ein starkes Gift ab, mit dem sie Beutetiere lähmt oder Angreifer abwehrt. Ihr Stich gilt als der schmerzhafteste Insektenstich überhaupt. Angeblich hat man das Gefühl, bei lebendigem Leib zu verbrennen.

Die inzwischen auch in Afrika verbreitete amerikanische Honigbiene beziehungsweise Killerbiene hat nichts mit Biene Maja gemeinsam. Ihr Unterschied gegenüber anderen Bienenarten besteht darin, dass bei drohender Gefahr fast das ganze Bienenvolk angreift statt wie üblich nur eine kleine Anzahl von Tieren. Killerbienen verfolgen ihre Opfer auch hartnäckig. Dadurch kann sehr leicht die für Kinder tödliche Schwelle von etwa 500 Stichen überschritten werden. Für Erwachsene wird es ab ca. 1000 Stichen kritisch.

Die Heeresameise bildet Staaten mit mehr als 20 Millionen Individuen. Diese Wanderameisenart geht regelrecht auf Raubzug. Die Vorgehensweise folgt zweierlei Mustern: Spaltenüberfälle und Schwarmüberfälle. Bei Ersteren teilen sich alle Mitglieder auf und bilden kleine Gruppen, ähnlich einem Baum mit seinen Verzweigungen, und fallen so über ihre Beute her. Diese Ameisen können bis zu 100 000 Beutetiere an einem Tag »erlegen«. Darunter sind auch wehrhafte Tiere wie kleine Schlangen oder Vogelspinnen. Bei einem Schwarmüberfall folgen die Tiere anfangs einer Hauptroute, die sich dann wie bei einer Dolde in viele Verzweigungen gabelt. Die einzelnen Wege liegen jedoch nah beisammen und überkreuzen sich mehrfach, sodass die einzelnen Ameisentrupps gemeinsam ein großes Areal effektiv abdecken.

Die Kolonne kann sich dabei auf eine Breite von 15 bis 20 Metern auffächern.

Die Massai aus Ostafrika nutzen Wanderameisen unter anderem, um Wunden zu nähen: die sogenannte Ameisennaht. Die Wundränder werden zusammengedrückt und die Ameise am Kopf hinter den großen Scheren gefasst und an die Wundränder gehalten. Durch das Abzwicken des Rumpfes des Insektes schließen sich die kräftigen Scheren und halten ähnlich wie Klammern die Wundränder zusammen. Die Ameisensäure wirkt zusätzlich antibakteriell.

Pro Jahr kommt es mit Skorpionen zu mehreren 100 000 Ereignissen. Nicht jeder Stich muss tödlich sein. Aber weltweit sind es jährlich 5000 bis 12 000 Todesfälle durch Skorpione.

Ist der Marienkäfer in Gefahr, scheidet er ein gelbliches, giftiges Sekret aus. Für Menschen ist dies ungefährlich, aber Ameisen beispielsweise, die ihre Blattläuse beschützen, werden damit wirkungsvoll in die Flucht geschlagen.

Eichen-Prozessionsspinner-Raupen besitzen sehr feine Brennhaare, die ein Eiweißgift namens Thaumetopoein enthalten und beim Menschen eine allergische Reaktion hervorrufen. Bei manchen kann dies auch zu einer Hautkrankheit namens Raupendermatitis führen.

Schreckliche Sekten

Religionsfreiheit ist ja an sich eine gute Sache. Bisweilen führt sie aber zu skurrilen Ergebnissen in Form von Sekten. So wurden schon schreckliche Taten unter einem religiösen Vorwand verübt. Manchmal sind es aber die Vertreter einer bestimmten Glaubensrichtung selbst, die Verwunderung auslösen.

Die Anhänger des Peoples Temple oder auch Volkstempel waren eine von Jim Jones geführte neureligiöse Gruppe. Ihr Glaube war eine Mischung aus verschiedenen Ideologien, die auf Karl Marx, Father Divine, Josef Stalin, Adolf Hitler, Mahatma Gandhi, Martin Luther King und Fidel Castro zurückgehen. 1978 nahmen sich etwa 900 Mitglieder im Urwald von Guyana das Leben, indem sie ein mit Zyankali versetztes Getränk zu sich nahmen. Diejenigen, die sich weigerten, sich selbst das Leben zu nehmen, wurden von den Sektenführern erschossen.

Swami Omkarananda war ein indischer Mönch, der 1967 das Divine Light Zentrum im schweizerischen Winterthur gründete. Bei der Glaubensgemeinschaft handelte es sich um Neohinduisten mit philosophischem Einschlag. 1975 wurde auf das Haus des Zürcher Regierungsrates Jakob Stucki ein Bombenanschlag verübt. Angehörige des Divine Light Zentrums wurden als Täter ermittelt.

Die Church of the Lamb of God war eine fundamentalistische Splittergruppe der Mormonen. Angeführt wurde sie von Ervil LeBaron. Zwischen 1972 und 1977 ließ er 25 Anführer konkurrierender polygamer Gruppen durch seine Anhänger ermorden und rechtfertigte dies durch die mormonische Doktrin der Blutsühne.

Osho-Mitglieder vergifteten 1984 das Essen mehrerer Salatbars mit Salmonellen. Etwa 750 Einwohner der Kleinstadt The Dalles erkrankten daraufhin. Das Ganze passierte unmittelbar vor den County-Wahlen im US-Bundesstaat Oregon. Ziel der Anhänger war es, damit das Wahlergebnis zu beeinflussen.

Die Branch Davidians und ihre Siedlung Mount Carmel Center in der Nähe von Waco, Texas, wurden 1993 für 51 Tage belagert. Nach Berichten über den sexuellen Missbrauch von Kindern und den Besitz illegaler Waffen begannen die Behörden mit Ermittlungen und versuchten eine Durchsuchung des Hauptquartiers durchzuführen, wobei es zu einer Belagerung kam. Dabei kamen vier Bundespolizisten und 82 ihrer Anhänger zu Tode, ihr Anführer David Koresh eingeschlossen. Die Branch Davidians glauben, die

Endzeit habe bereits begonnen und das Jüngste Gericht stehe unmittelbar bevor.

Zwischen 1994 und 1997 begingen in der Schweiz, in Kanada und Frankreich insgesamt 74 Mitglieder der Sonnentempler-Sekte gemeinschaftlich Selbstmord. Die Lehre der Sonnentempler war eine Mischung aus mittelalterlichem Mysterienglauben, Gralschristentum, Astrologie, New Age, Wiedergeburtsanschauungen und Naturreligion. In jedem Mitglied wurde die Reinkarnation einer historischen oder legendären Persönlichkeit gesehen, die eine alte Schuld abtragen müsse oder eine wichtige Rolle für die weitere Heilsgeschichte spielen würde. Die Anhänger waren überzeugt, durch das rituelle Blutbad zu Sirius zu gelangen, dem hellsten Stern des Nachthimmels, um dort eine neue Menschheit zu begründen.

Die Colonia Dignidad wurde vor allem bekannt durch verbrecherische medizinische Versuche, die man an Häftlingen vornahm. Es gibt Berichte, dass die Colonia Dignidad jahrzehntelang als Folterzentrum des chilenischen Geheimdienstes genutzt wurde. Kinder und Jugendliche ihrer Anhänger wurden von der Sektengemeinschaft immer wieder sexuell missbraucht. Vor allem bei Jungen ging damit körperliche Züchtigung einher, selbst Kinder wurden mit Elektroschocks gequält. Heute besteht die Colonia Dignidad unter dem Namen Villa Baviera weiter.

Heaven's-Gate-Mitglieder glaubten an Ufos. Diese Glaubensgemeinschaft wurde von Marshall Applewhite und Bonnie Nettles geführt. Ersterer brachte 1997, als der Komet

Hale-Bopp in die Nähe der Sonne kam und somit gut sichtbar war, 38 Anhänger dazu, sich selbst zu töten. Dadurch würden sie ihre Seele mit einem Raumschiff auf die Reise schicken. Dies würde sich angeblich hinter dem Kometen befinden.

Über 1000 Tote forderte der Massenselbstmord des Movement for the Restoration of the Ten Commandment of God (Bewegung zur Wiederherstellung der Zehn Gebote) am 17. März 2000 in Uganda. Anführer der Sekte und – wie sollte es anders sein – selbsternannter Prophet war Joseph Kibweteere. Dieser behauptete, in Verbindung zur Jungfrau Maria zu stehen. Im Mittelpunkt des Denkens und Handelns der Gruppe stand die Wiederherstellung der Zehn Gebote. Deren strikte Befolgung sollte den Mitgliedern nach der Apokalypse das Seelenheil garantieren.

Die Nation of Yahweh wurde angeführt von Hulon Mitchell Jr., einem dunkelhäutigen Rassisten, der sich zum Schluss als Sohn Gottes bezeichnete. Auf ihr Konto gehen fast zwei Dutzend grausame Ritualmorde der 80er-Jahre. Bei den Getöteten handelte es sich um Weiße. Ein abtrünniges Mitglied ließ Mitchell sogar enthaupten.

1989 brachten Mitglieder der Community of Christ eine fünfköpfige Familie um. Ihr Anführer Jeffrey Lundgren hielt sie für nicht »überzeugt« genug, weil sie nicht wie die anderen Mitglieder auf dem gemeinsamen Bauernhof wohnte, sondern nicht weit davon entfernt ihr eigenes Haus hatte. Außerdem besaßen sie ein eigenes Bankkonto, während die übrigen Anhänger ihr ganzes Hab und Gut der Gemeinschaft abgetreten hatten.

Die Aum-Sekte um Ōmu Shinrikyōs verübte am 20. März 1995 einen Giftgasanschlag in der Tokioter U-Bahn. Zwölf Menschen starben, etwa 1000 wurden verletzt. Die Sekte glaubte, die Apokalypse stünde unmittelbar bevor und nur in ihrem Kreis sei Erlösung möglich. Die Außenwelt wurde als verdorben und feindlich angesehen und sollte den Weltuntergang nicht überleben. Anhänger hatten im Vorfeld versucht, an nukleare Waffen zu kommen, um noch größeren Schaden anrichten zu können.

Die Zeugen Jehovas glauben an eine bald bevorstehende Apokalypse, das sogenannte Harmageddon, das sie als Einzige überleben. Anschließend würde Gott die Herrschaft übernehmen. Die, die überleben, würden in zwei Klassen aufgeteilt. 144 000 von ihnen würden als geistgesalbte Wesen gemeinsam mit Christus in seinem himmlischen Königreich als Könige regieren, der Rest der Zeugen müsste sich mit einem Leben auf der neuen Erde begnügen.

Die Scientologen glauben an Xenu, einen galaktischen Herrscher, dessen 75 Millionen Jahre zurückliegende Taten das heutige Leben auf der Erde maßgeblich beeinflussen. Die Anhänger dieser Glaubensgemeinschaft sind fest davon überzeugt, dass es außerirdische Zivilisationen gibt. Zudem würden fremde Wesen in das irdische Geschehen eingreifen.

Die Anhänger des japanischen Pana-Wave-Laboratory tragen komplett weiße Kleidung mit Kringeln darauf, die die bösen »Kommunismus-Strahlen« reflektieren soll. Die Presse berichtete über die Glaubensgemeinschaft, als Mitglieder 2003 versuchten, eine weiße Robbe zu fangen. Die Anhänger waren der Ansicht, dass nur bei einer Rückführung des Tieres in die Arktis sich der kurz bevorstehende Weltuntergang noch aufhalten ließe. Dieses Vorhaben scheiterte aber leider, daher musste ein neuer Weltuntergang herhalten. Diesmal in Gestalt eines gemeinen Planeten, der das Magnetfeld der Erde umpolen und somit die gesamte Menschheit vernichten würde. Um diesem Schicksal zu entgehen, bildeten die Pana-Wave-Mitglieder einen Konvoi aus weißen Autos und ließen sich letztendlich in der Präfektur Gifu-in der Mitte Japans nieder. Die Menschen dort fühlten sich durch die Neuankömmlinge gestört, da diese Obstbäume und Gemüseanpflanzungen mit weißen Tüchern umwickelten. Mithilfe der Polizei konnten sie dazu bewegt werden, weiter östlich in die Präfektur Yamanashi zu ziehen, in welcher sie eine feste Immobilie besitzen.

Skurrile Medizin

Manchmal kommen unsere Mitmenschen schon auf seltsame Ideen. Aber sie machen aus ihrem Handicap eine Tugend. Die mutigsten und außergewöhnlichsten sind hier versammelt.

Der Finne und IT-Experte Jerry Jalave hat sich statt einer Ringfingerprothese einen USB-Stick anbringen lassen. Er hat seinen Finger bei einem Motorradunfall eingebüßt und hat stattdessen jetzt einen 2GB-USB-Stick..

In Österreich hat sich ein 26-jähriger Mann freiwillig die Hand amputieren lassen, um sie durch eine mechanische, sogenannte bionische Hand zu ersetzen. Steuern kann er diese Prothese mit der Kraft seiner Gedanken.

Oscar Pistorius fehlen beide Unterschenkel. Ersetzt werden sie von zwei Prothesen aus Karbonfasern. Als Sportler hat er damit bereits über 20 Weltrekorde im Behindertensport aufgestellt, z. B. 100 Meter in 10,91 Sekunden (Weltrekord, Johannesburg, 4. April 2007) oder 200 Meter in 21,58 Sekunden (Weltrekord, Johannesburg, 5. April 2007). Er selbst nennt sich »The fastest thing on no legs« – das schnellste Ding auf keinen Beinen.

Der englische Kater Oscar verlor bei einem Unfall mit einem Rasenmäher die Vorderpfoten. Inzwischen hat er Prothesen und ist seitdem wieder quietschfidel.

Eine Meerjungfrauen-Prothese bekam die Neuseeländerin Nadya Vessey. Sie hatte im Alter von 16 Jahren nach langer, schwerer Krankheit schließlich beide Beine verloren. Die Prothese verleiht ihr nun den Schwanz einer Meerjungfrau. Mit über 50 Jahren kann sie nun endlich wieder schwimmen und sich im Wasser bewegen.

Wenn die Erde bebt

Gegen die Natur sind wir machtlos. Schreckliche Erdbeben, Fluten und Vulkanausbrüche fordern jedes Mal viele Todesopfer und verwüsten ganze Länder.

893 gab es ein Erdbeben in Ardabil im Iran, bei dem etwa 150 000 Menschen starben.

1138 kam es zu einem Erdbeben in Aleppo in Syrien. Die Zahl der Toten beläuft sich auf ca. 230 000.

1556 kam es zu einem schweren Erdbeben in der chinesischen Provinz Shanxi. Etwa 830 000 Menschen kamen dabei ums Leben.

1651 kam es auf Sumatra zu einem Vulkanausbruch mit etwa 2 Millionen Toten.

1746 gab es ein Erdbeben der Stärke 8,4 im Gebiet um Lima, Peru. Etwa 600 000 Tote gab es zu verzeichnen.

1815 brach in Indonesien der Tambora-Vulkan aus, was ungefähr 92 000 Menschen das Leben kostete.

1883 kam es zu einem weiteren Vulkanausbruch in Krakatau in Indonesien, diesmal mit rund 36 000 Todesopfern.

1887 gab es eine schwere Flut in Kaifeng, China, durch die etwa 1 Million Menschen ums Leben kamen. Der Fluss Hwangho trat über die Ufer und es wurden 78 000 Quadratmeter überschwemmt. Hunderte von Orten wurden von einer dicken Schlammschicht bedeckt.

Der Vulkanausbruch des Mount Pelee auf Martinique 1902 forderte 35 000 bis 40 000 Todesopfer.

1908 kam es zu einem Erdbeben mit einer Stärke von 7,2 auf der Skala gefolgt von einem Tsunami im italienischen Messina. 70 000 bis 110 000 Menschen starben dadurch. Diese Katastrophe wird als die schlimmste in Europa im 20. Jahrhundert gewertet.

Bei einem Erdbeben 1920 in Gansu, China kamen um die 200 000 Menschen ums Leben.

1923 ereignete sich ein Erdbeben im japanischen Kanto mit etwa 143 000 Toten.

1931 kam es in Nanking in der Provinz Kiangsu in China durch anhaltenden Monsunregen zu einer Überschwemmung der Flüsse Jangtsekiang und Hwangho. Die Folgen: 40 Millionen Menschen waren in Mitleidenschaft gezogen und ca. 1,4 Millionen starben.

1937 gab es ein Erdbeben in Kalkutta in Indien, bei dem etwa 300 000 Menschen ihr Leben ließen.

1948 kam es zu einem Erdbeben in Turkmenistan mit ca. 110 000 Toten.

1970 zog in Pakistan und Bangladesch ein Wirbelsturm massive Überschwemmungen nach sich, denen um die 300 000 Menschen zum Opfer fielen.

1976 kamen bei einem Erdbeben in Tangshan, China, ca. 255 000 Menschen ums Leben.

1991 traf ein heftiger Wirbelsturm Bangladesch, der etwa 138 000 Tote forderte.

2001 erschütterte ein Erdbeben mit der Stärke 7,7 die Regi on Gujarat in Indien. Etwa 20 000 Menschen starben, 200 000 wurden verletzt.

2003 erlebte Europa seinen Jahrhundertsommer. Hoch Michaela gehört zu den Katastrophen, die die meisten Opfer forderten. Es kam zu etwa 70 000 Hitze-Toten.

2003 wurde ein Großteil der iranischen Stadt Bam durch ein Erdbeben verwüstet. Seine Stärke betrug 6,6. 70 Prozent der Gebäude wurden zerstört und es starben rund 30 000 Menschen.

Das Seebeben am 26. Dezember 2004 85 Kilometer vor der Nordwestküste Sumatras hatte eine Stärke von 9,1 auf der Richterskala. Der dadurch ausgelösten Welle fielen etwa 230 000 Menschen zum Opfer, vor allem in Thailand, das am stärksten unter den Folgen des Tsunami gelitten hat.

Der Hurrikan Katrina richtete Ende August 2005 in den südöstlichen Teilen der USA enorme Schäden an und erreichte zeitweise die Stufe 5. Durch den Sturm und seine Folgen kamen etwa 1800 Menschen ums Leben.

2005 wütete ein Erdbeben in Indien und Pakistan und forderte schätzungsweise 86 000 Tote.

2006 ereignete sich vor der Insel Java ein schweres Beben mit der Stärke 6,3. Dem Hauptbeben folgten mehr als 1000 Nachbeben mit einer Stärke bis zu 5,2. Laut Angaben der UNO starben dabei annähernd 5800 Menschen.

Der Zyklon Nargis fegte 2008 über Myanmar hinweg. Die Anzahl der Opfer wird mit mindestens 84 500 angegeben, einige Stellen gehen sogar von mehr als 100 000 Toten aus.

2008 gab es ein Erdbeben in Sichuan, etwa 1550 Kilometer südwestlich von Peking gelegen. Es beschädigte mehr als 5 Millionen Gebäude in der Stadt selbst und in den angrenzenden Provinzen. Mindestens 69 000 Todesopfer gab es zu verzeichnen, zudem wurden 5,8 Millionen Menschen obdachlos.

2010 bebte in Haiti die Erde. Bis zu 300 000 Menschen kamen ums Leben, etwa 300 000 weitere Personen wurden verletzt und 1,2 Millionen obdachlos.

2010 forderte Berichten zufolge ein Erdbeben in Yushu, China, 2698 Tote, 270 Menschen wurden vermisst und mehr als 12 000 verletzt.

Große Hagelkörner und Tornados forderten im Mai 2010 in den USA drei Menschenleben und richteten einen Schaden von 2,7 Milliarden US-Dollar an.

Die Waffen der Pflanzen

Die Pflanzen in unserem Garten sind nicht immer reine Zier und zum Teil alles andere als harmlos. Manche von ihnen können sich als ganz schön ausgefuchst erweisen, wenn sie sich zum Beispiel gegenüber »Artgenossen« durchsetzen und verteidigen wollen.

Der Walnussbaum erfreut sich beim Menschen sehr großer Beliebtheit, die Pflanzen in seiner unmittelbaren Nachbarschaft haben jedoch das Nachsehen. Seine Blätter enthalten nämlich Juglon, einen Wirkstoff, der deren Wachstum hemmt, damit er selber ausreichend Platz hat. Wenn das Laub im Herbst zu Boden fällt, reichert sich die Erde um den Walnussbaum herum mit Juglon an, sodass dies über seine Wurzeln in die benachbarten Pflanzen gelangt.

Die Brennnessel besitzt zum Schutz vor Fressfeinden und vor Zerstörung spezielle Brennhaare. Diese brechen ab, sobald man mit ihnen in Kontakt kommt, und geben Methansäure frei. Sie ist vergleichbar mit Ameisensäure, die diese zur Abwehr von Angreifern einsetzen, und brennt entsprechend stark.

Die Flockenblume, ein kornblumenähnliches Gewächs, produziert in ihren Wurzeln zwei sogenannte Catechine, die mit den Wurzeln in den Boden abgegeben werden. Das (+)-Catechin wirkt antibakteriell und schützt somit die Blume vor etwaigen Infektionen, während das (–)-Catechin die benachbarten Pflanzen beeinträchtigt, indem es die Keimfähigkeit ihrer Samen herabsetzt und ihr Wachstum unterdrückt, damit die Flockenblume selbst genug Platz und Licht hat, um zu gedeihen.

Die Tabakpflanze wird nicht gefressen, weil sie Nikotin enthält. Dieser Stoff ist giftig und hält mögliche Fressfeinde ab.

Der Pflanzensaft des Riesen-Bärenklaus wirkt stark fototoxisch. Das bedeutet, dass Hautstellen, die damit in Berührung kommen, erst nach mehrstündiger Sonnenbestrahlung eine Reaktion zeigen. Die durch das Pflanzensekret verursachten Schäden können an eine Verbrennung zweiten Grades heranreichen.

Auch der Manzanilobaum enthält einen sehr giftigen Saft. Kommt man damit in Kontakt, tritt eine halbe Stunde später ein starkes Brennen auf und ein bläschenartiger Ausschlag bildet sich auf der Haut. Und gelangt davon auch nur ein winziger Tropfen ins Auge, so kann dies zum Erblinden führen.

Der milchige Saft des Upasbaums ist in seiner Rinde und seinen Blättern enthalten. Da er hochgiftig ist, reicht eine Kleinstmenge davon aus, um das Leben eines Menschen zu gefährden. Man sollte also tunlichst vermeiden, dass er beispielsweise durch eine Verletzung in die Blutbahn gerät.

Der Gympie-Baum hat Haare, die dieselbe Funktion haben wie die der Brennnessel. Kommt es zu Hautkontakt, nachdem diese abgebrochen sind, bilden sich sofort Blasen und die Haut entzündet sich an der entsprechenden Stelle.

Insekten und andere kleine Krabbeltiere werden vom Duft und von der roten Färbung der Venusfliegenfalle angelockt. Kommen sie ihr zu nahe, schnappt sie in Sekundenbruchteilen zu. Mithilfe eines bestimmten Sekrets werden diese dann verdaut.

Cashewkerne kennen wir alle als leckeren Snack. Ungeröstet sind die Nüsse allerdings leicht giftig, und auch der in Rinde und Blättern enthaltene Saft des Baums verursacht auf der Haut eine starke Rötung.

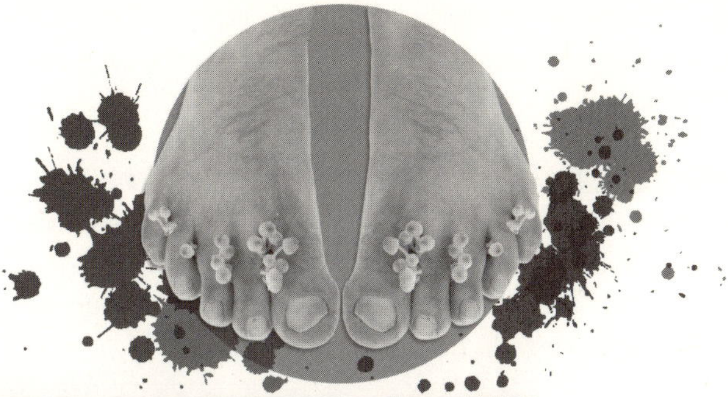

Eklige Krankheiten

Eklige Krankheiten müssen nicht immer nur Tropenkrankheiten sein. Diese fließen natürlich ebenfalls hier ein, aber auch »herkömmliche«, in unseren Breiten vertretene Leiden haben einiges an Gruseligem zu bieten.

Bei der Analthrombose handelt es sich um ein Blutgerinnsel in den äußeren Gefäßen des Afters. An dessen Rand bilden sich innerhalb kurzer Zeit ein oder mehrere bläulichrote schmerzhafte Knoten. Diese können die Größe einer Kirsche annehmen. Die Analthrombose wird oft mit äußeren Hämorriden verwechselt. Die Analthrombose bildet sich in den meisten Fällen selbstständig wieder zurück, ansonsten muss bei großen Schmerzen operativ eingegriffen werden.

Das Furunkel ist eine tief sitzende eitrige Entzündung der Haarwurzelscheide und ihrer Talgdrüse. Überall, wo Haut von Haar bedeckt ist, kann es auftreten. Typischerweise sind sie aber hauptsächlich im Gesicht, Nacken, in den Achselhöhlen, am Oberschenkel, am Hintern und im Genitalbereich zu finden.

Die Krätze ist eine Hauterkrankung, die von Parasiten ausgelöst wird. Befallen werden vor allem Finger, Handgelenke, Gesäß, Genitalien, Ellbogen, Achseln, Knie, Gelenkbeugen und Füße. Besonders unangenehm ist das hartnäckige Jucken, das unbehandelt fortdauert.

Beim Raucherbein handelt es sich um eine krankhafte Verengung der Arterien. Betroffen sind, wie der Name schon sagt, meistens die Gefäße in den Beinen. Es kommt zu Durchblutungsstörungen und im schlimmsten Fall muss das Bein amputiert werden. Da aber darüber hinaus die Herzkranzgefäße von vielen Betroffenen verändet sind, stirbt ein Großteil von ihnen an einem Herzinfarkt.

Die Frambösie ist eine ansteckende bakterielle Infektionskrankheit, die in den Tropen vorkommt. Es entstehen an beliebigen Körperstellen Pusteln, aus denen sich kleine Geschwülste entwickeln.

Die Lepra tritt heute noch in Asien, Afrika und Südamerika auf, also in armen Ländern mit schlechter Gesundheitsversorgung. Sie wird durch Bakterien ausgelöst und der Krankheitsverlauf erstreckt sich über Jahrzehnte. Lepra ist eine der ältesten bekannten Krankheiten und wurde schon in den frühesten Schriften erwähnt. Bei dieser Krankheit werden die Gefäße der Arterien und Venen durch die Verdickung des Blutes verstopft. Die Infizierten verlieren oft das Gefühl für Kälte, Wärme und auch für Schmerzen. Ohne Behandlung verletzen sich die Patienten oft unbemerkt und infizieren sich über die Wunden mit lebensgefährlichen Krankheiten wie z. B. Tetanus. Daher stammt wohl auch die Vorstellung der vergangenen Jahrhunderte, dass Lepra zum Abfallen von Armen, Händen oder Ohren führen würde.

Bei einer Salmonellenvergiftung verursachen Bakterien im Darm eine Störung von dessen normaler Funktion. Daraus folgt massiver Durchfall und Erbrechen. Wichtig bei einer Salmonellenvergiftung ist der Wasser- und Mineralstoffhaushalt, da dieser durch Durchfall und Erbrechen stark beeinflusst wird. Antibiotika wird in den seltensten Fällen verschrieben, da viele Salmonellentypen gegen Antibiotika resistent sind. In der Regel dauern die typischen Symptome zwei bis drei Tage an, in manchen Fällen auch bis zu einer Woche. Wird aber der Flüssigkeits- und Mineralstoffverlust dauernd ausgeglichen, erholt man sich in der Regel recht schnell.

Bei Hämorriden handelt es sich um erweiterte Blutgefäße im Darmausgangskanal oder vor dem After. Ähnlich wie bei Krampfadern kann es dabei zu Thrombosen und Entzündungen kommen. Außerdem jucken und bluten sie und stören beim Sitzen oder beim Sport.

Das Trachom ist eine durch Bakterien hervorgerufene Augenkrankheit. Auf der Schleimhaut des Oberlides bilden sich glasig-körnige Wucherungen und es kommt zu einer Entzündung. Diese Art von Bindehautinfektion ist weltweit die häufigste Ursache von Erblindung. Insgesamt sind 400 bis 500 Millionen Menschen davon betroffen.

Die Mundfäule wird durch das Herpesvirus ausgelöst. Sie beginnt meist mit recht hohem Fieber. Nach zwei bis drei Tagen schwillt das Zahnfleisch an, färbt sich blutrot und blutet eventuell leicht. Typisch ist ein starker säuerlicher Mundgeruch. Das Ganze ist sehr schmerzhaft, da sich zahlreiche kleine Bläschen bilden, der Mundraum oft komplett entzündet und das Zahnfleisch stark geschwollen ist.

Todesstrafe

In manchen Ländern muss man wirklich aufpassen, was man tut, denn dort gibt es noch die Todesstrafe. Und die wird manchmal schon bei kleineren Vergehen verhängt und vollzogen. Hier finden sich die Hinrichtungen von 2010, die Amnesty International dokumentiert hat.

In China werden jährlich mehrere Tausend Menschen hingerichtet. Eine genaue Zahl liegt nicht vor, da es sich um ein Staatsgeheimnis handelt. Experten gehen aber jährlich von etwa 10 000 Hinrichtungen aus. Um im Reich der Mitte zum Tode verurteilt zu werden, braucht es nicht viel. Zigarettenschmuggel, Benzindiebstahl, Fahnenflucht, schwerer Gemüsediebstahl oder Steuerbetrug reichen schon als Grund aus, um mit dem Leben dafür zu bezahlen.

Im Iran wurden offiziell 252 Menschen hingerichtet, die tatsächliche Zahl dürfte aber weitaus höher sein. Man muss dort kein schweres Delikt begehen, damit die Todesstrafe verhängt wird. Der Geschlechtsverkehr zwischen einem Nichtmuslim und einer Muslimin reicht aus. In diesem Fall wird Ersterer hingerichtet. Man muss auch nur wiederholt alkoholische Getränke zu sich genommen haben und mit Hadd (Strafen, die im Koran definiert sind, wie zum Beispiel Stockschläge) bestraft worden sein, um nach dem dritten Mal mit dem Tode bestraft zu werden.

In Nordkorea waren es von offizieller Seite 60 Menschen, die hingerichtet wurden. Amnesty International geht aber von weit mehr Getöteten aus. So kann schon ein Fluchtversuch nach China die Todesstrafe nach sich ziehen, da das Nachbarland die Flüchtlinge wieder zurück nach Nordkorea schickt.

Im Jemen waren es 53 Menschen, die 2010 hingerichtet wurden. Dort reicht schon ein Ehebruch, um mit dem Leben zu bezahlen. Der Jemen steht übrigens wegen seiner martialischen Strafen immer wieder in der Kritik.

In den USA wird hingegen jedes vollstreckte Todesurteil festgehalten und offiziell gemacht. Insgesamt 46 Menschen wurden 2010 hingerichtet. In der Regel liegt dem Urteil ein vorausgegangenes Tötungsdelikt zugrunde, jedoch können auch Drogenschmuggel, Flugzeugentführung oder schwerer Kindesmissbrauch mit dem Tode bestraft werden.

In Saudi-Arabien waren es von offizieller Seite 27 Menschen, die hingerichtet wurden. Es können aber auch wesentlich mehr gewesen sein, denn dort haben schon

Hexerei, Gotteslästerung und Sodomie die Todesstrafe nach sich gezogen.

In Libyen sind 2010 nach offiziellen Angaben 18 Menschen hingerichtet worden. Amnesty International geht aber inoffiziell von weit mehr aus. In dem nordafrikanischen Land wird die Todesstrafe hauptsächlich für Mord und Drogenvergehen verhängt.

In Syrien waren es von offizieller Seite 17 Menschen, die ihr Leben lassen mussten. Unter der Hand waren es aber mehr. Dort zieht allein der Versuch, jemanden zu töten, die Todesstrafe nach sich.

In Bangladesch kam es offiziell zu neun Hinrichtungen. Menschenrechtsexperten gehen nach Berichten aus dem Land aber von mehr aus. In diesem Land kann Homosexualität das Todesurteil bedeuten.

In Somalia gab es acht Hinrichtungen. Aber auch in diesem Fall geht Amnesty International von mehr aus. Unter anderem wird dort die Abkehr vom islamischen Glauben mit dem Tode bestraft.

Im Sudan gab es nach offiziellen Angaben sechs Hinrichtungen. Inoffiziell geht man aber ebenfalls von mehr aus. Dort werden Todesurteile auch gegen Jugendliche ausgesprochen. Mediale Aufmerksamkeit erregte der Sudan in diesem Zusammenhang zuletzt, als für eine britische Lehrerin die Todesstrafe gefordert wurde, die im Unterricht einen Plüsch-Teddy auf den Namen Mohammed getauft hatte.

Im Palästinensischen Autonomiegebiet fanden von offiziellen Seiten aus fünf Hinrichtungen statt. Dort muss man mit der Verurteilung zum Tod rechnen, wenn man Land an Israelis verkauft.

In Ägypten waren es im Jahr 2010 vier Hinrichtungen. Grund für ein Todesurteil sind Drogenhandel oder Mord.

In Äquatorialguinea gab es vier Hinrichtungen (2007 waren es nur drei). Wer dort etwa an einem Putschversuch beteiligt ist, dem kann die Todesstrafe drohen.

In Taiwan wurden 2010 vier Menschen hingerichtet. Drogenschmuggel kann dort das Todesurteil nach sich ziehen.

Weißrussland hat für 2010 zwei Hinrichtungen zu verzeichnen. Als letztes europäisches Land wird dort die Todesstrafe weiterhin verhängt und vollstreckt.

Von Japan weiß man ganz genau, wie viele Menschen dort 2010 hingerichtet wurden, nämlich zwei. Insgesamt 18 verschiedene Straftaten werden in diesem ostasiatischen Land mit dem Tode geahndet. Dazu zählen die vorsätzliche Zerstörung bewohnter Gebäude oder ein Duell mit Todesfolge.

Im Irak gab es von offizieller Seite her nur eine Hinrichtung im Jahr 2010. Experten gehen aber von weiteren Getöteten aus. Vergewaltigung ist laut Gesetz ein Grund, die Todesstrafe zu verhängen.

In Malaysia gab es von offizieller Seite auch nur eine Hinrichtung im Jahr 2010. Auch für dieses Land gehen die

Experten von mehr vollstreckten Todesurteilen aus. Sie werden zum Beispiel für den Handel mit Cannabis verhängt.

In Bahrain gab es 2010 ebenfalls genau eine Hinrichtung. Regimekritikern droht dort beispielsweise die Todesstrafe.

In Botswana wurde genau ein Mensch im Jahr 2010 hingerichtet. Dort werden Todesurteile heutzutage nur noch für Mord verhängt.

In Singapur gab es nach offiziellem Stand keine Hinrichtungen. Menschenrechtsexperten gehen aber dennoch davon aus, dass Angeklagte dort zum Tode verurteilt werden. Die Vorschriften für den Besitz und den Gebrauch von Betäubungsmitteln sind in Singapur sehr streng. Wer mit mehr als 15 Gramm Heroin, 28 Gramm Morphin oder 500 Gramm Cannabis erwischt wird, muss mit der Todesstrafe rechnen.

Auch in Vietnam gab es offiziell keine Hinrichtungen. Amnesty International vermutet aber trotzdem, dass es dazu gekommen ist. Zu einer Verurteilung zum Tod reicht dort Betrug oder Drogenmissbrauch.

www.schrecklichdoof.de

Manche Internetadressen sind so furchtbar doppeldeutig und dämlich gewählt, dass sie schon wieder lustig sind. Tragisch ist hingegen, dass die Betreiber der zugehörigen Homepages einen ernsthaften Anspruch haben und bestimmt von einer Flut von Sexmails belästigt werden – oder von wütenden Kunden, die nicht das »Gewünschte« oder Erwartete gefunden haben.

www.whorepresents.com

Man neigt dazu, automatisch »whore presents«, also »die Hure präsentiert« zu lesen. Gemeint ist aber »who represents«, also »wer vertritt«. Dieser Seite ist nämlich zu entnehmen, welcher Promi von welchem Agenten/durch welche Agentur vertreten wird. Außerdem wird das Suchergebnis nicht von Prostituierten präsentiert.

www.blasorchester-wixhausen.de

Dies ist die Website des Sinfonischen Blasorchesters TSG Wixhausen. Oder haben Sie darunter etwas anderes vermutet?

www.penisland.com

Nur zu leicht liest man »Penisland« und denkt wahrscheinlich: »Super, ein Penis-Freizeitpark!« Es geht aber auf der Homepage um Stifte, vielmehr um den Kugelschreiber nach Wunsch. Dieser wird dann mit einer den persönlichen Vorstellungen entsprechenden Länge und Dicke gefertigt.

www.expertsexchange.com

Man liest auf den ersten Blick sicher »expert sex change«, also Partnertausch auf Expertenniveau. Tatsächlich gemeint ist aber der »expert's exchange«, also der Austausch zwischen Spezialisten. Die Leute hinter der Seite vermitteln Ratsuchenden den richtigen Ansprechpartner für jedes nur denkbare Problem.

www.therapistfinder.com

Bestimmt haben auch Sie zunächst »the rapist finder«, sprich die »Vergewaltiger-Suchmaschine« darin erkannt. Es sollte aber eigentlich »therapist finder« gelesen werden. Dabei handelt es sich um ein Verzeichnis für Psychologen in Ihrer Nähe. Und manch einer braucht eventuell beim Gedanken an eine Suchmaschine für Vergewaltiger auch einen ebensolchen.

www.speedofart.com

Auf die Schnelle sieht man darin wohl »speedo fart«, gemeint ist allerdings »speed of art«. Ein Pups (fart) in der Badehose (Speedo) hat mit der Geschwindigkeit der Kunst nichts zu tun. Die Seite ist eigentlich eine Künstlerseite, Nigel Talamo aus London stellt dort seine Arbeit vor.

www.molestationnursery.com

Wahrscheinlich erkennt jeder darin »molestation nursery« – Kindergrippe für sexuelle Belästigung. Dahinter verbirgt sich jedoch die Mole Station Nursery, die zur australischen Mole-Station-Farm zugehörige Baumschule. Da die andere Leseweise aber als problematisch erkannt wurde und die Farm am gleichnamigen Fluss Mole River liegt, wurde die offizielle Domain in www.molerivernursery.com umbenannt.

www.cummingfirst.com

Man liest höchstwahrscheinlich »cumming first«, wobei das erste Wort umgangssprachlich für »einen Orgasmus haben« steht. Gemeint ist aber die First Cumming Methodist Church. Diese befindet sich in Cumming, Georgia, und klärt auf Ihrer Website über Homosexualität auf.

www.powergenitalia.com

Jeder sieht darin sicher erst mal »power genitalia«, also »kraftvolle Genitalien«. Unter der Adresse erreicht man aber die Website der Firma Italian Power Generator, ein britisches

Elektrizitätsunternehmen, das vor einigen Jahren versucht hat, auch in Italien Fuß zu fassen.

www.swissbit.ch

Wer übersieht nicht zunächst den Punkt und liest »swiss bitch«, »Schweizer Schlampe«? Es handelt sich dabei aber um die Domain des Chip-Herstellers Swiss Bit.

www.gasheating.co.uk

Es liegt nahe, daraus »gash eating« zu machen. Gemeint ist aber eigentlich »gas heating«, also das Heizen mit Gas, was gut für die Umwelt ist. Dass das Wort »gash« ein ziemlich vulgärer Ausdruck für das weibliche Geschlecht ist, hat den braven Briten wohl noch niemand gesagt.

www.hiscockransom.co.uk

Gelesen wird vermutlich »his cock ransom«, was so viel bedeutet wie »seinen Schwanz freikaufen«. Dahinter verbirgt sich jedoch der Internetauftritt des Design-Studios von Paul Hiscock und Anne Ransom.

www.gotahoe.com

Wer meint nicht, darin »got a hoe«, »Hast du eine Hure« zu erkennen? Eigentlich heißt es aber »go Tahoe«. Es ist die Seite über den See Lake Tahoe, der an der Grenze der US-Bundesstaaten Nevada und Kalifornien liegt. Und der hat nun rein gar nichts mit Prostituierten zu tun.

www.viagrafix.net

Man liest sicher zunächst »viagra fix«, »eine Dosis Viagra«. Richtig ist aber »Via Grafix«, so lautet nämlich die Bezeichnung der gleichnamigen IT-Firma. Diese registrierte die Domain, noch bevor Viagra bekannt wurde, und hat mit dem Medikament nichts zu tun.

www.theplasticsexchange.com

*Gesehen wird darin sicher »p*lastic sexchange«, sprich »die Geschlechtsumwandlung mithilfe von Plastik«. Die Macher der Seite hatten jedoch »plastics exchange« im Kopf. Auf dieser Plattform können Sie nämlich mit Plastik und den zu dessen Herstellung benötigten Stoffen handeln.

www.modelstalking.com

Bestimmt sehen auch Sie zunächst »model stalking« darin. Die intendierte Lesart ist aber eigentlich »models talking«. Zwischen Models, die verfolgt werden (stalking) und solchen, die reden (talking), ist doch noch ein kleiner Unterschied.

www.mp3shits.com

Gelesen wird vermutlich »mp3 shits« und nicht »mp3s hits«. Hit und Shit liegen manchmal aber auch nah beieinander ...

www.mammotherection.net

Die kanadische Baufirma Mammoth Erection errichtet große Gebäude. Und im Prinzip stimmt auch die Bedeutung »gigantische Erektion«. Gemeint sind aber eigentlich Bauwerke gigantischen Ausmaßes.

Schreckliches Recht für Frauen

Frauen haben es nicht immer einfach. Nicht nur, dass sie oft weniger oder kein Recht(e) haben, sind sie in manchen Ländern juristisch insgesamt einfach schlechter gestellt als ihr männliches Pendant. Die meisten dieser Gesetze stammen aus den USA, aber auch andere Länder scheinen mit ihren Gesetzen noch nicht im 21. Jahrhundert angekommen zu sein...

In Arkansas darf ein Ehemann seine Frau per Gesetz schlagen. Mit einer Einschränkung: Es darf nicht öfter als einmal im Monat vorkommen.

Nach dem kalifornischen Recht dürfen Frauen nicht im Hausmantel Auto fahren.

In Helena, Montana, ist es Frauen verboten, in einem Saloon oder einer Bar auf einem Tisch zu tanzen, wenn ihre

Kleidung weniger als 3 Pfund und 2 Unzen, also knapp 2 Kilogramm, wiegt. Da eine Jeans bereits fast 1 Kilogramm auf die Waage bringt, sollte das doch zu schaffen sein…

Auf der südpazifischen Insel Paama Island ist es Frauen nicht erlaubt, Hosen zu tragen.

In Saudi-Arabien ist Frauen Autofahren verboten. Ein Verstoß wird mit einer Gefängnisstrafe geahndet.

In Litauen waren Frauen bis 2002 gesetzlich verpflichtet, sich vor der Führerscheinprüfung gynäkologisch untersuchen zu lassen.

In Los Angeles darf dem Gesetz nach jeder Mann seine Frau mit einem Lederriemen schlagen – vorausgesetzt, dieser ist nicht breiter als 2 Inch, was gut 2,5 Zentimetern entspricht. Benutzt er einen breiteren Riemen, muss er seine Ehefrau vorher um Erlaubnis fragen.

Auf der britischen Kanalinsel Sark kann man sich nur scheiden lassen, wenn einer der Ehepartner die Insel vor der Scheidung für ein Jahr verlässt.

Ärzte und Zahnärzte in West Virginia dürfen Patientinnen nur betäuben, wenn eine dritte Person anwesend ist.

In London ist es legal, Ehefrauen vor 21 Uhr zu schlagen.

Ein Gesetz des Staates Michigan legt fest, dass das Haar einer Frau ihrem Ehemann gehört.

Die New Yorker Verkehrsbehörde hat entschieden, dass Frauen auch »oben ohne« die U-Bahn benutzen dürfen. Ein anderes Gesetz besagt nämlich, dass ihnen dieses Recht zugestanden werden muss, da es Männer schön länger erlaubt ist, sich mit freiem Oberkörper zu zeigen.

In Florida schreibt das Gesetz vor, dass man seinen Po am Strand zu mindestens zwei Dritteln bedecken muss. Wird zu viel Haut gezeigt, drohen 500 US-Dollar Geldstrafe oder Gefängnis.

Erst seit 1974 ist es Ehemännern in Texas verboten, den Liebhaber ihrer Frau folgenlos zu erschießen, nachdem er beide in flagranti erwischt hat.

In Florida sieht es das Gesetz vor, dass weibliche Singles und geschiedene oder verwitwete Frauen sonntags nicht Fallschirm springen dürfen.

In Carrizoro, New Mexiko, ist es Frauen verboten, sich in der Öffentlichkeit unrasiert (Gesicht und Beine) zu zeigen.

Im US-Staat Illinois ist man als weiblicher Single gesetzlich dazu verpflichtet, Junggesellen mit »Meister« anzusprechen.

In Florida droht Frauen, die unter einer Trockenhaube einschlafen, eine Geldstrafe. Alternativ kann aber auch der Besitzer des Friseursalons haftbar gemacht werden.

Es gibt in Norfolk, Virginia, ein Gesetz, das Frauen das Tragen eines Korsetts vorschreibt, sobald diese das Haus verlassen. Um dessen Einhaltung zu überprüfen, wurde früher sogar eine entsprechende, ausschließlich Männern vorbehaltene Stelle geschaffen – die des Korsett-Inspektors ...

In Merryville, Missouri, ist es Frauen hingegen strengstens verboten, ein Korsett zu tragen. Die Begründung lautet: »Das Privileg, einen kurvenreichen und durch nichts eingeengten Körper einer jungen Frau bewundern zu dürfen, darf dem normalen amerikanischen Mann nicht verweigert werden.«

Frauen dürfen in Memphis, Tennessee, dort laut Gesetz eigentlich nur Auto fahren, wenn ein Mann vor dem Fahrzeug herläuft und Fußgänger sowie andere Autofahrer durch das Schwenken einer roten Fahne darauf aufmerksam machen.

In der Stadt Dyersburg in Tennessee gibt es eine Verordnung, aufgrund der es Frauen untersagt ist, einen Mann anzurufen, um ein Date zu vereinbaren.

In Kentucky dürfen Frauen Highways nicht im Badeanzug betreten. Es sei denn, sie werden von mindestens zwei Polizisten eskortiert oder sie sind mit einem Knüppel bewaffnet. Dieses Gesetz tritt nicht in Kraft, wenn eine Frau entweder weniger als 90 oder mehr als 200 Pfund wiegt, was etwa 41 beziehungsweise ca. 91 Kilogramm entspricht.

In Cleveland, Ohio, ist Frauen das Tragen von Lackschuhen untersagt. Es könnte nämlich sein, dass sich darin etwas spiegelt, was Männer nicht sehen sollten.

In Tremonton, Utah, ist es Frauen nicht erlaubt, in einem Krankenwagen Sex mit einem Mann zu haben. Wird sie dennoch dabei ertappt, kann sie deswegen angeklagt werden. Des Weiteren muss ihr Name in der Tageszeitung veröffentlicht werden. Der Mann hingegen geht straffrei aus, sein Name erscheint auch nicht in der Presse.

In Oklahoma dürfen Frauen an ihrem eigenen Haar keine Veränderungen vornehmen – es sei denn, sie haben eine staatliche Lizenz.

In Oxford, Ohio, ist es Frauen untersagt, sich vor einem Gemälde oder Foto zu entkleiden, auf dem ein Mann abgebildet ist.

In Pennsylvania gibt es ein Gesetz, das Hausfrauen verbietet, Dreck oder Staub unter den Teppich zu kehren.

In Saco, Missouri, ist Frauen das Tragen von Hüten gesetzlich untersagt, vor denen sich ängstliche Personen, Kinder oder Tiere eventuell fürchten könnten.

In St. Louis darf die Feuerwehr unbekleidete Frauen nicht retten. Diese müssen sich also im Falle einer Katastrophe schnellstens etwas überziehen.

In Siena ist es allen Frauen mit dem Vornamen Maria verboten, als Prostituierte zu arbeiten.

Im Staat New York haben Frauen nicht das Recht, auf der Straße öffentlich zu rauchen.

In Norfolk, Virginia, müssen Frauen, die an einer Tanzveranstaltung teilnehmen wollen, ein Korsett tragen.

In Detroit, Michigan, ist es Ehemännern gesetzlich verboten, ihre Frau sonntags böse anzuschauen.

In Gurnee, Illinois, ist es Frauen untersagt, in Shorts zu reiten, wenn ihr Gewicht mehr als 200 Pfund (etwa 91 Kilogramm) ausmacht.

In Minnesota können Frauen für 30 Tage ins Gefängnis wandern, wenn sie öffentlich als Weihnachtsmann verkleidet auftreten.

In Morrisville, Pennsylvania, benötigt eine Frau eine behördliche Genehmigung, wenn sie sich schminken will. Die des Ehemanns reicht nicht aus.

In Seattle kommt jede Frau für sechs Monate hinter Gitter, wenn sie dabei erwischt wird, wie sie in einem Zug oder Bus auf dem Schoß eines Mannes sitzt, ohne dass ein Kissen den direkten Kontakt verhindert.

Auf der britischen Kanalinsel Sark war es bis 1999 verboten, Grundbesitz an Töchter zu vererben. Söhne waren von dieser Regelung ausgenommen.

Ebenfalls dort ist es Ehemännern hingegen nach wie vor erlaubt, ihre Frau mit einem Stock zu schlagen, solange dieser nicht dicker ist als ein Finger und wenn dabei kein Blut spritzt.

In Mobile, Alabama, ist es Frauen verboten, Schuhe mit hohen Absätzen zu tragen. Die Stadt Mobile wurde einmal von einer Frau zu Schadenersatz verklagt. Diese blieb mit ihren hohen Absätzen in einem Gully hängen und hat sich bei diesem Sturz verletzt. Daraufhin wurde dieses Gesetz erlassen, um die Stadt vor weiteren Klagen zu schützen.

In Indonesien müssen sich Frauen, die zur Armee wollen, einem Jungfräulichkeitstest unterziehen.

In Virginia muss jeder mit einer Geldstrafe in Höhe von 500 US-Dollar rechnen, der die Keuschheit einer Frau infrage stellt oder diesbezüglich Unwahrheiten verbreitet.

In Tuscon, Arizona, gibt es eine Verordnung, die Frauen das Tragen von Unterhosen untersagt.

In Großbritannien ist es Frauen verboten, in öffentlichen Verkehrsmitteln Schokolade zu essen.

In Racine, Wisconsin, dürfen sich Frauen nachts nur auf der Straße aufhalten, wenn sie von einem Mann begleitet werden.

In Vermont ist Frauen ohne schriftliche Erlaubnis ihres Ehegatten nicht erlaubt, ein Gebiss zu tragen.

Giftiger Schönheitskult

Wer schön sein will, muss leiden. Das galt früher genauso wie heute. Doch damit sind hier keine schmerzhaften Operationen gemeint, sondern die kleinen Hilfsmittel, auf die wir täglich zurückgreifen und die nicht unbedingt gesundheitsförderlich sind.

Grüner Lidschatten wird oft aus Malachit beziehungsweise Kupferspat hergestellt. Ersterer ist nicht ganz ungiftig. Vor allem beim Auftragen des Lidschattens entsteht Staub, der beträchtliche Mengen an löslichem Kupfer enthält und sich dann in der Lunge festsetzt.

Zinnober verlieh Rouge früher seine rote Farbe. Dieses Mineral hat einen Metallgehalt von 87 Prozent, weswegen es noch vor allen anderen zur Quecksilbergewinnung eingesetzt wurde.

Für eine helle Haut benutzten Frauen früher Bleiweiß, welches sie wie Puder auf die Haut aufgetragen haben. Wie der Name schon vermuten lässt, bestand es bis zu 87 Prozent aus giftigem Blei.

Auch wenn es im eigentlichen Sinne ein körperlicher Eingriff war, muss erwähnt werden, dass im Mittelalter Aderlässe für eine noble Blässe vorgenommen wurden. Je weniger Blut in den Gefäßen floss, umso blasser, sprich vornehmer wirkte das Gesicht.

Um beim Schminken nichts falsch zu machen, wurden im späten Mittelalter Quecksilberspiegel benutzt. Dieses giftige Schwermetall verdunstet bereits bei Zimmertemperatur. Das heißt, bei der Morgentoilette atmeten die Damen bei Hofe toxische Dämpfe ein.

Nagellack enthält noch immer Phthalate, um die aufgetragene Lackschicht biegsam, aber auch stabil zu halten, damit sie nicht so schnell abblättert. Diese Stoffe können aber Leber, Nieren und die Fortpflanzungsorgane schädigen.

In manchen preisgünstigen Plagiaten hochwertiger Cremes und Parfüms werden Urin und Lackverdünner mitverarbeitet, um sie haltbarer zu machen.

Zuletzt 2009 wurden sogar in hochpreisigen Mascaras krebserregende Nitrosamine gefunden.

In vielen Peelings ist a-Hydroxysäure enthalten, um die alten Hautzellen abzulösen und die frischeren, darunterliegenden zum Vorschein zu bringen. Dabei handelt es sich um organische Säuren wie z. B. Glykolsäure, Milchsäure, Äpfelsäure, Weinsäure oder Zitronensäure. Neben den Hautzellen wird aber auch der Schutzmantel der Haut von der Säure angegriffen. Langfristige dermatologische Schäden können die Folge sein.

Aluminium hemmt als Bestandteil von zum Beispiel Deo die Schweißbildung. Auf die Haut aufgebracht, verschließt es die Poren und verhindert, dass Schweiß austreten kann. Die natürliche Entgiftung über die Haut wird somit verunmöglicht. Aluminium gelangt gleichzeitig über die Haut in den Blutkreislauf und wird mit dem Erkranken an Alzheimer sowie Brustkrebs in Verbindung gebracht.

Collagen ist ein nicht lösliches Faserprotein und kann aufgrund seiner Größe nicht in die Haut eindringen. Das Collagen, das in den meisten Hautpflegeprodukten enthalten ist, wird aus Tierhaut und zermahlenen Hühnerfüßen gewonnen. Es legt sich wie ein Film auf die Haut, die so schlecht atmen kann.

Diethanolamin ist ein farbloser Alkohol, der als Lösungsmittel und Emulgator vor allem in Körperlotionen und anderen Hautpflegeprodukten zum Einsatz kommt. Sie trocknen damit nicht so schnell aus und verklumpen weniger. Falls Diethanolamin zusammen mit Nitraten verarbeitet wird, kommt es zu einer chemischen Reaktion, sodass möglicherweise krebserregende Nitrosamine entstehen.

Diethylphthalat wird in der Kosmetik als Lösungsmittel oder Trägerstoff für Parfümmischungen eingesetzt. Es wird von der Haut aufgenommen und beeinflusst ihren Schutzmechanismus. Phthalate stehen in Verdacht, Leber, Nieren und Fortpflanzungsorgane zu schädigen.

Fluoride sind in nahezu allen Zahncremes enthalten. Es soll die Zähne härten, sodass diese gegen bakterielle Angriffe immun sind. Es handelt sich dabei aber um biologisch nicht abbaubare Umweltgifte und industriell erzeugte Abfallprodukte aus der Düngemittelherstellung. Da sie in Verdacht stehen, Krebs zu verursachen, wurden etwa in Belgien alle fluoridhaltigen Zahncremes verboten.

Kaolin ist ein feiner weißer Ton, der zur Porzellanherstellung verwendet wird. Er ist auch Bestandteil mancher Puder. Kaolin lässt die Haut schlechter atmen und verstopft die Poren.

Lanolin ist eine aus Wolle gewonnene fettige Substanz. Sie ist als Bindemittel bekannt, ein Bestandteil vieler Kosmetika und Lotionen. Haut kann auf Lanolin manchmal allergisch reagieren, zum Beispiel in Form von Ausschlag.

Bei Oxybenzon, geläufig als Benzophenone-3, handelt es sich um einen Lichtschutzfilter, der starke Allergien auslösen kann.

Propylenglycol wird aus Mineralöl gewonnen. Man findet es in Haut- und Haarpflegeprodukten, wobei es neben dem Feuchtigkeitsgehalt der Haut auch den des kosmetischen Produkts aufrechterhält. Bei Hautkontakt mit Propylenglykol kann diese stark gereizt werden. Ebenfalls kann es zu Leberanomalien und Nierenschäden kommen.

Sodium-Laureth-Sulfat (SLS) ist in den meisten Körper- und Haarpflegemitteln, aber auch in Baby- und Kinderpflegeprodukten enthalten. Es kann zu einem starken Austrocknen der Haut sowie der Augenschleimhaut führen, wodurch Schadstoffe leichter in die Augen eindringen können, weil sie nicht mit Tränenflüssigkeit ausgespült werden. SLS wird in einem chemischen Prozess aus Sodium-Lauryl-Sulfat gewonnen, wobei die äußerst gefährliche Substanz 1,4-Dioxan entsteht. Diese kennt man unter dem Namen Agent Orange, das vom amerikanischen Militär zur Entlaubung der Wälder während des Vietnamkriegs verwendet wurde und das zu schweren Missbildungen der einheimischen Bevölkerung auch Generationen später geführt hat.

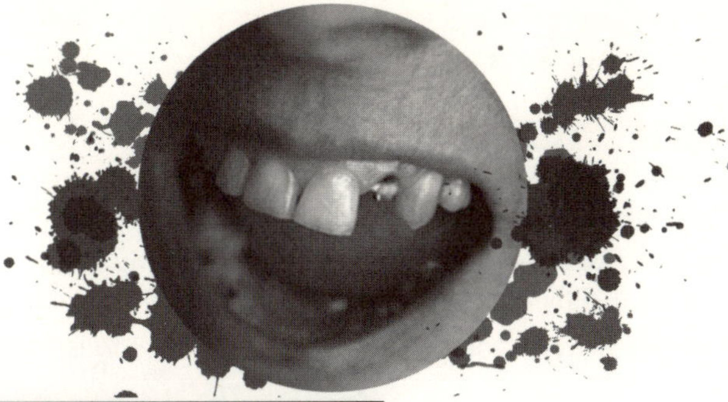

Zahnarzt-Horror

Die Angst vor dem Zahnarzt ist durchaus berechtigt. Man hört nämlich immer wieder schreckliche Horrorgeschichten, was einem alles passieren kann. Und teilweise sind sie sogar wahr.

Der elektrische Stuhl wurde von einem Zahnarzt erfunden. Albert Southwick hatte 1881 nämlich zufällig beobachtet, wie ein Mann sofort starb, nachdem dieser einen Stromgenerator berührt hatte. Die Hinrichtung mithilfe des elektrischen Stuhls wurde schließlich am 1. Januar 1889 in den USA eingeführt.

Die Wurzelspitzenresektion ist besonders unangenehm, denn um an die Wurzelspitze zu gelangen, muss diese zunächst freigelegt werden. Das heißt, der Kieferchirurg muss zuerst Zahnfleisch und Kieferknochen durchdringen. Hat er das erst mal geschafft, werden die Wurzelspitze in einer Länge von bis zu 3 Millimeter sowie der umliegende entzündete Bereich entfernt.

Ein Implantat ersetzt die Wurzel eines Zahns. Es wird meist über ein Schraubgewinde in den Kieferknochen gedreht. Damit dies überhaupt möglich ist, muss in diesen zunächst ein Gewinde hineingebohrt werden. Mit der Zeit verwächst die »Schraube« mit dem Knochen. Nach einigen Monaten wird dann der Zahnersatz einfach aufgeschraubt.

Das Ameloblastom ist ein meist gutartiger Tumor, der aus Zellen der Mundschleimhaut, des Zahnfleischs, des Kiefers beziehungsweise aus an der Entwicklung von Zähnen beteiligten Zellen besteht. Da es weiträumig entfernt werden muss, wird der betroffene Knochenblock als Ganzes herausgenommen.

Die schwarze Haarzunge ist eine Erkrankung, die 3 Prozent der Bevölkerung betrifft. Dabei wachsen die Geschmacksknospen in die Länge und bilden einen haarigen, meist dunklen Belag auf dem hinteren Teil des Zungenrückens. Je nachdem, welche Art Nahrung der Betroffene zu sich nimmt, färbt sich die Zunge dunkelgrün bis schwärzlich. Die Ursache dieses Phänomens ist noch nicht bekannt.

Das Nursing-Bottle-Syndrom bezeichnet frühkindliche Karies. Es gibt bereits Kleinkinder mit braunen, verfaulten und stummelartigen Zähnen, die ihnen manchmal schon im Vorkindergarten gezogen werden müssen.

Ein Granulom ist eine Entzündung des Knochens an der Wurzelspitze. Die Behandlung erfolgt durch eine klassische

Wurzelbehandlung, bei der entweder der Nerv oder im schlimmsten Fall der Zahn gezogen wird.

Ein Kieferabszess ist die mögliche Folge einer erkrankten Zahnwurzel. Diese Art der Entzündung kann bis in den Kiefer reichen, sodass sich dort ein Eiterbeutel bildet. Ein Kieferabszess ist äußerst schmerzhaft und hat das klassische Bild des Patienten mit einer dicken Backe zur Folge. Die Therapie besteht darin, erst den Eiter zu entfernen, dann die Entzündung zu bekämpfen und danach die notwendige Wurzelbehandlung durchzuführen.

Über 40 Millionen Amerikaner haben chronischen Mundgeruch, in Europa ist mittlerweile jeder Vierte davon betroffen. Verantwortlich für den dauerhaft schlechten Atem sind Bakterien.

Bis 1829 kurierte man quälenden Zahnschmerz mit dem Brenneisen. Die meisten Patienten verloren bei dieser Behandlung allerdings das Bewusstsein. Um die offenliegenden Nerven abzutöten, nahm man Arsenpaste.

Bis ins 18. Jahrhundert gab es keine Zahnärzte, vielmehr rissen Hufschmiede oder Barbiere eiternde Zähne mit gewaltigen Zangen aus dem Kiefer.

Im Mittelalter stellten sich die Menschen vor, ein Wurm würde sich durch den schmerzenden Zahn fressen und die Zahnerkrankung verursachen.

Im 18. Jahrhundert benutzte man die Zähne von Hunden, Pavianen und Schafen als Implantat.